Andreas Hoffmann

Das total verrückte Gartenbuch

**für kleine Gärtner
und andere Maulwürfe,
die gerne in der Erde
buddeln**

**Illustrationen von
Jürgen Pankarz**

Edition moses

Für Margit

Fotos: Paul Maaßen, Kempen

Typographie: Friederike Pondelik und Hans-Joachim Schauß, Leipzig

Lektorat: Punktum Verlags-Service, München

Satz: Lichtsatz Bunn, Mülheim an der Ruhr

Lithographie: repro- & internet-partner, Geldern

Druck und buchbinderische Verarbeitung: Westermann Druck Zwickau

Die Ratschläge in diesem Buch sind vom Autor und vom Verlag sorgfältig erwogen und geprüft worden, dennoch kann eine Garantie nicht übernommen werden. Eine Haftung des Autors oder Verlages für Personen-, Sach- und Vermögensschäden ist ausgeschlossen.

Wir danken den Firmen Gärtner Pötschke Kaarst GmbH, Willy F. P. Fehling GmbH in Hannover sowie Herrn Geldner von der Firma Carl Wilhelm Gravens in Saarstedt für die freundliche und fachkundige Beratung und Unterstützung.

© der Fotos Sonnenblumen S. 30, Bohnen S. 46, Kürbis bei Nacht S. 51, Kürbisse S. 55 und Tomatenblüte S. 63 bei Gärtner Pötschke Kaarst GmbH,
© der Fotos Karotten S. 39, Kürbis bei Tag S. 51 und Minitomaten S. 63 bei Willy F. P. Fehling GmbH.

ISBN 3-929130-35-1

Inhalt

Botanik hin und Landbau her,
Gärtnern ist doch gar nicht schwer!

Hallo! Körli mein Name, von Beruf Diplom-Erdaufbereitungsingenieur!

Alter Angeber! Übrigens: Ich bin Digger! Ich bin mir sicher, daß wir viel Spaß miteinander haben werden!

Richtig, nur keine Panik! Dieses Buch macht aus dem Gärtnern keine Wissenschaft, und du mußt auch kein Gartenbauingenieur oder Botaniker sein, um jede Menge Spaß daran zu haben. Nicht Mühe, Arbeit und Langeweile, sondern Freude am Ausprobieren, Abenteuer und Vergnügen sind angesagt! Und natürlich jede Menge Spannung und Abwechslung: Es ist wahnsinnig aufregend, wie aus den klitzekleinen Samen richtige große Pflanzen werden. Nahezu jeden Tag gibt es für dich etwas Neues zu tun und zu entdecken!

Und das Gärtnern ist gar nicht schwer. Zusammen mit Digger und Körli wirst du schon bald selber Pflanzen anbauen und zur Reife bringen. Die ausführlichen Anleitungen zeigen dir Schritt für Schritt, was

du tun mußt. Mit ihnen kannst du praktisch nichts falsch machen, und der Ernteerfolg ist dir so gut wie sicher.

Dabei geht es aber nie darum, auf Anhieb rekordverdächtige Ergebnisse zu erzielen, sondern von der Aussaat bis zur Ernte einfach Spaß am Ziehen der Pflanzen zu haben. Sollte mal was nicht so funktionieren wie vorgesehen, ist das nicht weiter tragisch: Probieren geht über studieren – beim nächsten Versuch klappt's dann bestimmt!

Die Auswahl der Pflanzen sorgt dafür, daß bestimmt keine Langeweile aufkommt: So verrückte Gesellen wie die superhohen Sonnenblumen und die megagroßen Monsterkürbisse halten einiges an Überraschungen für dich bereit. Du erfährst aber nicht nur, wie du sie anbaust, sondern auch eine

Menge Wissenswertes über sie selbst. Und natürlich, was du mit ihnen sonst noch anstellen kannst: Die köstlichen Rezepte, kurzweiligen Spiele und lustigen Basteleien solltest du unbedingt ausprobieren!

Bevor du jetzt aber gleich loslegst, führst du dir bitte erst noch die Arbeitsregeln zu Gemüte und guckst, was du vorher alles besorgen und erledigen mußt. Du sparst dir dadurch eine Menge Ärger und Verdruß.

Doch dann geht's mächtig ans Werk! Einen grünen Daumen und viel Spaß beim Gärtnern wünscht dir

Andreas Hoffmann

Zehn goldene Gartenregeln für kleine Maulwürfe

1. Lies dir zu jedem Projekt die Anleitung erst einmal aufmerksam bis ganz zum Schluß durch, bevor du loslegst.

2. Überprüfe dann immer erst, ob das Projekt im Moment überhaupt möglich ist: In den dunklen Wintermonaten kannst du zum Beispiel auch drinnen keine Bohnen ziehen, weil ihnen dann einfach das Licht zum Wachsen fehlt.

3. Stelle sicher, daß du Zeit für das Projekt hast und zum Beispiel der Italienurlaub mit deinen Eltern nicht genau dann angesagt ist, wenn deine Pflanzen dich überhaupt nicht entbehren können.

4. Besorge dann alle Werkzeuge und Zutaten, die bei jedem Projekt aufgelistet sind. Erst wenn du wirklich alles beisammen hast, fängst du an.

5. Bevor du dich an die Arbeit machst, ziehst du geeignete Kleidung an. Alte geflickte Jeans, ein verblichenes T- oder Sweatshirt, schon etwas unansehnliche feste Schuhe usw. sind genau das richtige: Sie können ruhig schmutzig werden und sind obendrein superbequem. Ein alter Anorak ist ideal für Schmuddelwetter. Und mit Arbeitshandschuhen kannst du verhindern, daß du stundenlang mit der Bürste deine Pfoten schrubben mußt.

6. Hast du dich in (Gärtner-)Schale geworfen, stellst du alle benötigten Sachen bereit und legst drinnen deinen Arbeitsplatz mit Zeitungspapier oder Plastikfolie aus. Paß überhaupt auf, daß du drinnen möglichst wenig schmutzig machst: Untersetzer verhindern, daß Gießwasser häßliche Flecken und Wasserränder verursacht. Bevor du das Haus betrittst, solltest du dreckige Schuhe und Klamotten immer ausziehen. Deine Eltern werden sich darüber tierisch freuen!

7. Gehe mit spitzigen oder scharfen Werkzeugen äußerst vorsichtig um! Überlaß Tätigkeiten, bei denen Verletzungsgefahr besteht, am besten deinen Eltern oder älteren Geschwistern. Alle Warnhinweise sind unbedingt ernst zu nehmen!

8. Vergiß nicht, nach jeder Aktion alle benutzten Geräte zu reinigen und ordentlich wegzustellen sowie deinen Arbeitsplatz aufzuräumen. Auch darüber werden sich deine Eltern freuen. Noch viel mehr aber du selbst, wenn du beim nächsten Einsatz alles gleich wieder findest und sofort loslegen kannst.

9. Kümmere dich regelmäßig um deine Pflanzen. Wenn du einmal die Verantwortung für sie übernommen hast, kannst du die dich nicht einfach nach Lust und Laune verdrücken, um zum Beispiel mit deinen Freunden Skateboard fahren zu gehen.

10. Und noch etwas ist wichtig: Geduld, Geduld und nochmals Geduld! Beim Gärtnern braucht alles seine Zeit. Wirf also nicht gleich die Flinte ins Korn, wenn zum Beispiel die Saat nicht sofort aufgeht oder die Pflänzchen nicht so recht vorankommen.

Opas oberschlaue Gartenfibel

Opas oberschlaue Gartenfibel

Was du zum Gärtnern alles brauchst

Außer diesem Buch, den Samen, der Pflanzkelle und natürlich viel Lust und Zeit benötigst du noch so einiges an Geräten, Behältern und Materialien. Hier ist alles ausführlich dargestellt. Vieles davon habt ihr wahrscheinlich sowieso schon im Haus. Oft lassen sich auch ähnliche Sachen zweckentfremden: Deiner Fantasie sind hier keine Grenzen gesetzt.

Manche Sachen – vor allem Geräte, die du nicht so oft brauchst – kannst du dir auch von Verwandten und Bekannten ausleihen. Mit dem Versprechen, daß du sie auch mal von deiner Ernte probieren läßt, kriegst du sie bestimmt rum, dir ihren Geräteschuppen oder Hobbykeller aufzusperren.

Einige Sachen, vor allem Erde, Mulchmaterial, Dünger usw., wirst du wohl kaufen müssen. Die meisten davon kosten aber nicht die Welt und halten eine ganze Weile vor. Und deine Eltern werden deinen gärtnerischen Eifer sicher gerne unterstützen!

Wenn du draußen gärtnern willst, brauchst du ein Beet. Am einfachsten ist es natürlich, sich eines von deinen Eltern zu schnappen. Geht das nicht, mußt du dir ein eigenes Beet anlegen; eine Anleitung dazu findest du am Ende dieses Kapitels.

Vom Zahnstocher bis zur Grabgabel: Gartengeräte und -utensilien

Der Kasten gibt dir eine Übersicht darüber, welche Geräte, Werkzeuge und Utensilien für die Projekte benötigt werden. Die meisten davon segeln sicher schon irgendwo bei euch im Haus herum. Halte deinen Eltern diese Seite unter die Nase und bitte sie, dir beim Aufspüren von Gartenwerkzeugen und -utensilien behilflich zu sein. Je nachdem, ob du die Projekte drinnen oder draußen durchführen willst, kannst du dir die Suche nach einen Teil der Sachen sparen; die Anleitungen sagen dir jeweils, was du tatsächlich benötigst.

Viele Gartencenter und Baumärkte führen auch Gartengeräte für Kinder. Sie sind in Größe, Gewicht und Stiellänge an die Bedürfnisse von kleinen Maulwürfen angepaßt. Vielleicht schenken dir deine Eltern ja das ein oder andere Teil zu Geburtstag oder Weihnachten.

Arbeitshandschuhe

Grabgabel

Spaten

Gartenrechen

Hacke

Kombiharke

Gärtnerschnur

Pflanzholz

Hoizpflöcke

Schaufel

Etiketten

Zahnstocher

Etiketten

Becher

Gartenschere

Haushaltschere

Pinzette

Sprühflasche

Messerchen

Gießkanne

Flasche

Plastikclips

Löffel

Kleine Behälterkunde

Wenn du drinnen gärtnern willst, werden deine Eltern kaum damit einverstanden sein, daß du einfach einen Haufen Erde auf den guten Teppich kippst. Du brauchst also geeignete Behälter.

Blumentöpfe und -kästen aus Ton oder Plastik sind natürlich ideal. Solche aus Ton sind immer zu bevorzugen: Sie «atmen», das heißt, Luft kann durch sie hindurch an die Wurzeln gelangen. Und sie saugen überschüssiges Gießwasser auf, das sie dann allmählich über ihre Außenwand verdunsten lassen. Vor allem größere Tongefäße sind jedoch schwerer und auch teurer als ihre Kollegen aus Kunststoff. Wenn du knapp bei Kasse bist und auch nicht möchtest, daß dir später beim Transport immer jemand zur Hand gehen muß, solltest du bei Kästen eher zu den Plastikausführungen greifen.

Außer richtigen Blumentöpfen und -kästen sind auch alle (un)möglichen anderen Behälter geeignet: Leere Konserven- oder Keksdosen, verkratzte Kochtöpfe, leergefutterte Joghurtbecher, halbierte Tetrapacks und unansehnliche Plastikeimer bekommen so noch einmal eine sinnvolle Aufgabe, bevor sie ihr Leben in der Recyclingtonne beenden.

Damit deine Pflanzen keine nassen Füße bekommen, sollte jeder Behälter im Boden ein oder mehrere Abzugslöcher haben, durch die überschüssiges Gießwasser ablaufen kann. Laß andernfalls deine Eltern oder großen Geschwister mit einer Schere oder einem Schraubenzieher welche hineinschnippeln oder -bohren.

Das Foto gibt dir eine Übersicht, was du alles als Behälter nehmen kannst. Bei den Projekten ist dann jeweils aufgeführt, was am besten geeignet ist.

Für die Anzucht von Pflanzen, deren Samen recht klein sind, gibt es spezielle Anzuchtkästen. Ganz edle Teile haben sogar eine Heizung, die dafür sorgt, daß immer die ideale Temperatur herrscht. Schön für dich, wenn du soviel Kohle hast, dir so ein Ding zu leisten! Wenn nicht, tröste dich: Du kommst auch gut ohne aus – ein stinknormaler Eierkarton erfüllt den gleichen Zweck. Ein Minigewächshaus ist ebenfalls kein Muß. Mit etwas Geschick und Fantasie kannst du dir auch selbst eins bauen.

Erde gut, alles gut

Mit das Wichtigste beim Gärtnern ist natürlich die Erde, denn sie ist ja die Grundlage aller Pflanzen. Sie gibt ihnen Halt und liefert ihnen die Nahrung, die sie brauchen, um zu wachsen, zu blühen und Früchte zu tragen. Das tun sie um so üppiger, je besser die Erde ist.

Da du als Gärtner eigentlich nur im Kleinen die Natur nachahmst, richtest du dich natürlich auch bei der Gartenerde nach ihrem Vorbild. Doch wie sieht die Erde in der freien Natur, zum Beispiel im Wald, aus? Du kannst selbst feststellen, daß sie angenehm duftet und locker und krümelig ist. Und – was du zwar nicht sehen, hier jedoch mal einfach glauben kannst – sie ist sehr nährstoffreich.

Das kommt daher, daß die Erde keine tote Masse ist, sondern «lebt»: In ihr wohnen unzählige Tierchen wie zum Beispiel Regenwürmer und Larven sowie andere Gesellen, die so winzig sind, daß du sie nur unter dem Mikroskop sehen könntest. Sie bewegen sich in der Erde und lockern sie dadurch auf. Und sie zerlegen und essen tote Pflanzen und Tiere. Nach jeder Mahlzeit scheiden sie als «Abfallprodukt» etwas aus, was sehr nährstoffreich ist und «Humus» genannt wird. Von ihm ernähren sich dann wiederum neue Pflanzen, und somit auch neue Tiere. Wenn diese schließlich sterben, geht das Ganze wieder von vorne los: Man nennt

diesen Vorgang deshalb «Stoffkreislauf».

Ideale Gartenerde ist also locker und krümelig, damit Luft und Wasser zu den Wurzeln gelangen können. Sie besteht größtenteils aus nährstoffreichem Humus, damit die Pflanzen ordentlich was zu futtern vorfinden. Und sie beherbergt möglichst viele der Bodenbewohner, die für Humusnachschub sorgen und sie locker halten.

Wenn du weder auf dem Land wohnst noch deine Eltern und Großeltern eingefleischte Gärtner sind, wirst du wohl kaum über eine solche supergute Humuserde verfügen. Es bleibt dir dann nichts anderes übrig, als dir fertige Erde im Gartencenter zu kaufen.

Für drinnen kommt dann hauptsächlich die «Einheitserde» in Frage: Sie ist luftig und enthält in einer ausgewogenen Mischung die Nährstoffe, die die meisten Pflanzen brauchen. Außerdem ist sie recht preiswert.

Blumenerde kannst du ebenfalls verwenden. Achte aber darauf, daß sie möglichst wenig Torf enthält. Da sie meistens recht nährstoffarm ist, mußt du sie vor Gebrauch noch verbessern, indem du ihr Kompost untermischst.

Für die Aussaat gibt es noch spezielle «Anzuchterde», die sehr feinkrümelig und feucht ist. Sie enthält aber noch weniger Nährstoffe als Blumenerde und taugt nur für die «Kinderstube».

Für draußen mußt du keine Erde besorgen – sie ist im Garten ja schon vorhanden. Meistens ist sie dort aber auch nicht ideal und muß mit Dünger noch verbessert werden.

Du siehst: Die Auswahl und Vorbereitung der Erde ist keine einfache Sache. Du solltest dich dabei auf jeden Fall von deinen Eltern beraten lassen.

Einheitserde

Anzuchterde

gekaufter Fertigkompost

Blumenerde

Was noch?

Näheres zu Gießwasser, Mulchmaterial und Dünger erfährst du jeweils in «Opas oberschlauer Gartenfibel» auf den Seiten 17, 31 bzw. 54. Was als sogenannte Grunddüngung geeignet ist, sagt dir die Anleitung zum Anlegen des Kinderbeetes weiter unten. Außerdem brauchst du beim Umtopfen Sand, Kies oder Blähtonkügelchen; zu was diese Materialien dabei gut sind, kannst du auf Seite 24 im Kasten nachlesen. Sand dient auch zum Markieren der Saat (Seite 25). Tonscherben oder Kieselsteine werden schließlich zum Abdecken der Abzugslöcher in den Behältern gebraucht (Seite 23).

So gut wie nichts geht über ein eigenes Kinderbeet!

Dein Beet solltest du nur zusammen mit deinen Eltern anlegen, denn sie werden bestimmt im Dreieck springen, wenn du einfach den Garten umgräbst, ohne daß sie dem zugestimmt haben, geschweige denn überhaupt etwas davon wissen! Einige der Arbeitsschritte übersteigen außerdem deine Kräfte.

Das braucht ihr:

1 geeignetes Stück im Garten,
 80 x 120 cm groß
1 Metermaß
Holzpflöcke und ca. 400 cm
 Gärtnerschnur
4 Bretter (2 x 80 und
 2 x 120 cm)
1 Grabgabel
Stallmist oder Kompost oder
 organischen Dünger
1 Gartenrechen
Wasser
1 Gießkanne

So wird's gemacht:

1. Zunächst müßt ihr festlegen, wo dein Beet hinkommt. Am besten eignet sich dazu eine Stelle, wo schon andere Beete sind und der Boden bereits «nackt» ist. Wenn es gar nicht anders geht, müßt ihr ein Stück Rasen opfern. Logischerweise wählt ihr dann aber ein Fleckchen, das nicht mittendrin, sondern eher an seinem Rand liegt.

Das Stück darf nicht zu weit vom Haus entfernt sein, damit du nicht alles kilometerweit schleppen mußt. Es sollte außerdem in der Sonne liegen und windgeschützt sein, weil fast alle Pflanzen dieses Buches die Sonne lieben, aber Wind nicht ausstehen können.

Schließlich sollte der Boden dort, wo dein Beet entstehen wird, möglichst gut sein – wie du ja weißt, ist eine gute Erde schon die halbe Miete.

2. Mit einem Metermaß meßt ihr ein 120 Zentimeter langes und 80 Zentimeter breites Rechteck aus und markiert es mit Holzpflöcken und Schnur; seine Längsachse sollte möglichst nach Norden bzw. Süden ausgerichtet sein.

Die angegebenen Maße überschreitet ihr tunlichst nicht, sonst mußt du dich nachher mächtig nach deinen Pflanzen strecken. Alle Projekte sind außerdem auf diese Beetgröße abgestimmt.

Wenn ihr das Rechteck auf einem blanken Boden markiert habt, legt ihr noch Holzbretter außenherum. Sie dienen zum Gehen und Stehen und verhindern, daß du bei Regen im Schlamm versinkst.

3. Nachdem ihr eine eventuell vorhandene Grasnarbe entfernt habt, wird die Erde innerhalb der Markierung gelockert und umgegraben. Dazu wird die Grabgabel in regel-mäßigen Abständen ca. fünfzehn Zentimeter tief in die Erde gestochen. Anschließend wird der Gabelstiel jeweils nach hinten heruntergedrückt und so die feste Erde aufgebrochen. Diese Arbeit ist ultra-anstrengend – überlaß sie daher so weit wie möglich deinen Eltern. Bitte sie auch, dabei auf die Regenwürmer achtzugeben!

4. Weil der Boden normalerweise noch nicht gut genug ist, müßt ihr als nächstes «grunddüngen». Dazu verteilt ihr eine Lage Dünger schön gleichmäßig auf dem aufgebrochenen Boden.

Der mit Abstand beste Dünger ist frischer Stallmist von Rindern, Schweinen, Pferden, Schafen, Hühnern, Tauben oder Kaninchen. Puh, wie das stinkt! Laß dich aber durch den tierischen «Duft» nicht irritieren: Der Mist ist supernährstoffreich und sorgt für eine fantastische Ernte.

An frischen Mist werdet ihr allerdings nur herankommen, wenn ihr einen Bauernhof, einen Reitstall oder wenigstens ein paar Kleintierzüchter in eurer Nähe habt. Wenn nicht, ist gekaufte oder selbstgemachte Komposterde der beste Dünger für dein Beet.

Habt ihr weder Mist noch Kompost, könnt ihr auch sogenannten organischen Dünger verwenden: Das sind so leckere Sachen wie Hornspäne, Blut-, Knochen-, Fischmehl und getrockneter Mist, die man sackweise kaufen kann.

5. Den Dünger mischt ihr dann mit der Grabgabel ordentlich unter die aufgebrochene Erde. Dann rechst du das Beet mit einem Gartenrechen schön glatt und gießt anschließend noch etwas. Fertig!

Das schnellste Gemüse zwischen Kiel und Konstanz

Stell dir mal vor, es gäbe in der Welt der Pflanzen auch so etwas wie eine Olympiade. Dann wäre die Kresse mit Sicherheit der Topfavorit für die Goldmedaille im «Schnellwachsen»! In nur fünf bis acht Tagen entwickeln sich aus den winzigen Kressesamen richtige erntefertige Pflänzchen, die mit ihrem pikanten Aroma allen langweiligen Salaten und müden Quarkstullen erst den richtigen Drive geben.

Mit der Kresse kannst du aber nicht nur herrlich schlemmen, sondern auch so einige andere tolle Sachen anstellen: Sie läßt sich zum Beispiel als «lebende Tinte» verwenden, mit der du deinen Namen schreiben oder auch ein Bild malen kannst! Wie's geht, erfährst du weiter unten.

Weil sie so rasend schnell wächst, ist die Kresse haargenau das richtige Einstiegs-projekt für alle ungeduldigen kleinen Gärtner (... wie zum Beispiel dich): Kaum hast du die Samen angesät, rührt sich schon etwas, und jeden Tag gibt es neue, spannende Überraschungen zu sehen.

Dabei ist die Kresse – gartentechnisch gesehen – total anspruchslos: Sie wächst (fast) immer und überall (na ja, am Nordpol vielleicht nicht gerade...). Und sie braucht nicht einmal Erde für ihren Wachstums-Sprint – ein Papiertaschentuch genügt ihr auch!

Die Kresse nimmt es dir übrigens nicht krumm, wenn du noch kein ausgebuffter Gartenprofi bist, der alle Kniffs und Tricks drauf hat. Sie brät keine gärtnerischen Extrawürste, und deinem ersten Zuchterfolg steht praktisch nichts im Wege. Also dann: an die Samentüte, fertig, los!

Turboschnelles Blattgemüse in fünf Schritten

So wird's gemacht:

1. Kresse läßt sich drinnen auf dem Fensterbrett das ganze Jahr über ziehen. Du kannst sie natürlich auch im Freien ansäen; das ist aber nur von April bis September möglich, da es ihr sonst draußen einfach zu kalt ist – da geht es ihr nicht viel anders als dir!

2. Wenn du Kresse in der Wohnung ziehen willst, mußt du zunächst einen Behälter für die Aussaat vorbereiten. Das Tolle an der Kresse ist, daß sie sogar ohne Erde auskommt! Ihr genügt als «Behausung» schon ein Teller, auf den du ein oder zwei Papiertaschentücher oder etwas Küchenkrepp legst.

Diese Lage feuchtest du dann gut an. Halte dazu den Teller unter den Wasserhahn, und laß etwas Wasser darauf laufen. Wenn sich das Papier ordentlich vollgesogen hat, neigst du den Teller, um überschüssiges Wasser abzugießen.

Die Kresse wächst natürlich auch auf Erde. Als Behälter ist dann eine flache Schale aus Plastik oder Ton am besten geeignet. Gib mit deiner Pflanzkelle eine ca. zwei bis drei Zentimeter dicke Lage Erde auf den Boden der Schale, und feuchte sie leicht(!) an.

Das brauchst du:

1. Drinnen und draußen:
etwas Zeit und Lust aufs Gärtnern
Wasser
1 Gießkanne
die Kressesamen aus dem Samentütchen
1 Brettchen
1 Messerchen oder 1 Schere

2. Drinnen:
1 hellen, warmen Ort (z.B. ein Fensterbrett über einem Heizkörper)
1 Teller oder 1 Schale aus Ton oder Plastik
Papiertaschentücher bzw. Küchenkrepp oder Einheitserde
die Pflanzkelle, die du mit diesem Buch bekommen hast
1 (natürlich mit Wasser gefüllte) Sprühflasche

3. Draußen:
1 ca. 20 x 20 cm großen Abschnitt von deinem vorbereiteten Beet

Geh mit dem Wasser aber sehr sparsam um. In der Schale darf es nach dem Gießen auf keinen Fall wie nach einem Rohrbruch aussehen! Wenn die Erde zu feucht ist, schimmeln die Kressesamen später anstatt zu keimen.

Wenn du die Kresse draußen ansäen willst, wählst du dafür einen ca. 20 mal 20 Zentimeter großen Abschnitt deines Beetes aus. Er muß nicht die ganze Zeit in der Sonne liegen, denn die Kresse fühlt sich auch im Halbschatten recht wohl. Vor dem Säen gießt du den Abschnitt leicht.

3. Der große Augenblick ist nun gekommen – jetzt wird gesät! Reiß das Samenpäckchen vorsichtig auf, schütte dir ein Drittel der Körnchen in die Hand, und streue sie schön dicht und gleichmäßig auf das Papiertaschentuch oder die Erde.

Wenn du mit Erde arbeitest, mußt du die Samen außerdem noch etwas mit einem Brettchen andrücken. Du darfst sie aber auf keinen Fall mit Erde zudecken, da die Kresse zum Keimen Licht braucht.

Drinnen stellst du den Behälter dann noch an einen warmen, hellen Ort. Ein Fensterbrett, unter dem in den kalten Monaten ein Heizkörper seine Arbeit verrichtet, ist ideal.

Wenn du die Samen vor dem Säen einen Tag lang in einem Schälchen einweichst, werden sie noch sicherer aufgehen!

Plaziere den Behälter allerdings nie direkt auf den Heizkörper! Dort ist es für die Pflänzchen doch eine Spur zu heiß. Außerdem könnte der Behälter schmelzen, zerspringen oder sonstwie kaputtgehen.

Gute Nachrichten, wenn du draußen angesät hast: Nach dem Andrücken der Samen brauchst du erst mal weiter nichts zu machen.

Kresse-Boote

Eine Seefahrt, die ist lustig ... besonders dann, wenn sich im Proviant auch ein paar von diesen köstlichen Happen befinden. Alle Mann in die Kombüse!

Das brauchst du für 10 Boote:

5 hartgekochte und geschälte Eier
4 Eßlöffel Frischkäse
jede Menge frische Kresse
$\frac{1}{2}$ kleingeschnittene Zwiebel
1 Eßlöffel Milch
Salz und Pfeffer
5 Scheiben Wurst
10 Zahnstocher
1 schönen Teller
1 blaue Serviette

So wird's gemacht:

1. Halbiere die Eier, hebe die Eigelbe heraus, und gib sie in eine Schüssel. Lege die leeren Eihälften einstweilen auf einen Teller.

2. Gib den Frischkäse, die Kresse, die Zwiebelstückchen und die Milch zu den Eigelben, und verrühre alles tüchtig mit einer Gabel. Würze die Kresse-Creme dann nach Geschmack mit Salz und Pfeffer.

3. Nimm nun einen Teelöffel, und fülle die ausgehöhlten Eihälften mit der Creme.

4. Halbiere die Wurstscheiben, und stich einen Zahnstocher so durch jede Hälfte, daß beide zusammen wie ein Mast mit Segel aussehen. Hisse dann auf jeder Eihälfte ein Segel. Ordne die fertigen Kresse-Boote schließlich schön auf einem Teller an, den du mit einer blauen Serviette «geflutet» hast. Leinen los!

4. Jetzt ist warten und pflegen angesagt. Doch keine Bange! Weder ist die Pflege sonderlich aufwendig, noch wird deine Geduld allzusehr strapaziert: Bereits nach ein bis zwei Tagen keimen die Samen aus, und die zarten kleinen Kressepflänzchen wachsen heran.

Beobachte sie nun täglich – man kann ihnen beinahe beim Großwerden zuschauen! Du sorgst jetzt dafür, daß die Papierlage bzw. Erde immer schön feucht bleibt. Drinnen geht das am besten mit einer Sprühflasche, draußen mit einer kleinen Gießkanne mit einem feinen Brau-

Zauberhaftes Blumenfärben

Mit diesem tollen Experiment kannst du deinen ungläubigen Freundinnen und Freunden beweisen, daß Pflanzen tatsächlich Wasser aufsaugen und über Leitungen bis in die äußersten Spitzen ihrer Blätter und Blüten verteilen. Wetten, daß?

Das brauchst du:

2 mit Wasser gefüllte, möglichst hohe Gläser
ein paar Tropfen blaue und rote Tinte
1 Tulpe, Nelke oder Dahlie mit weißer Blüte
1 Messer

So wird's gemacht:

1. Stelle die beiden Gläser nebeneinander. Gib ein paar Tropfen blaue Tinte in das eine und ein paar rote in das andere Glas. Rühr jeweils gut um, und schon geht's los!

2. Spalte mit einem Messer ungefähr zehn Zentimeter des Blumenstiels, und stelle die Blume dann so auf, daß eine Stielhälfte im blauen und die andere im roten Wasser steht.

3. Nach einer Weile färbt sich die weiße Blüte auf wundersame Weise: teils blau und teils rot. Die Wette mit deinen Freunden hast du gewonnen!

sekopf. Prüfe immer mit dem Finger: Wenn sich das Papier bzw. die Erde trocken anfühlt, wird es höchste Zeit, daß du gießtechnisch in die Gänge kommst.

Das Gießen ist übrigens eine der wichtigsten Aufgaben jedes Gärtners. Auf dieser Seite erfährst du einiges, was du zu dieser Tätigkeit wissen solltest.

Pst, streng geheim!
Kresse ist ein richtiger Muntermacher: Sie vertreibt jede Frühjahrsmüdigkeit! Und selbstgezogenen Radieschen hilft sie ebenfalls auf die Sprünge: Sie werden doppelt so gut, wenn man das turboschnelle Blattgemüse zwischen sie sät.

Kleines Gieß-ABC

Was ist «gießen»?

Blöde Frage, das weiß doch jedes Kind! Gießen heißt, es künstlich regnen zu lassen und so Pflanzen regelmäßig mit Wasser zu versorgen.

Warum muß man Pflanzen gießen?

Genau wie du müssen Pflanzen regelmäßig etwas futtern, um leben zu können. Sie haben aber keinen Mund – so nehmen sie ihre Nahrung – appetitliche Sachen wie Stickstoff und Phosphor – über ihre Wurzeln auf. Die können diese Leckereien aber nicht essen, sondern nur in flüssiger Form trinken. Haargenau deswegen brauchen Pflanzen Wasser: Es vermengt sich im Boden mit den Nährstoffen zu einer «Suppe», die von den Wurzeln geschlürft wird und über Leitungen zu allen Pflanzenteilen gelangt.

Wasser brauchen die Pflanzen außerdem noch für einen anderen Zweck: Es spielt eine wichtige Rolle bei einem komplizierten chemischen Vorgang, der sogenannten Fotosynthese.

In der Natur versorgt der Regen die Pflanzen mit Wasser. Regnet es längere Zeit nicht, schränken sich die Pflanzen ein: Sie wachsen nicht weiter und versuchen, mit der vorhandenen Feuchtigkeit auszukommen. Dauert die regenlose Zeit jedoch zu lange, müssen sie sterben.

Beim Gärtnern übernimmst du die Aufgabe des Regenmachers. Drinnen versteht sich das von selbst: Dort fällt ja kein Regen – außer euer Dach ist undicht! Aber auch draußen mußt du gießen. Dort bekommen die Pflanzen zwar oft natürlichen Regen – aber nicht regelmäßig genug. Sicher hast auch du schon Zeiten mit Dauersonnenschein erlebt, in denen wochenlang kein Tropfen vom Himmel fällt.

Wie wird gegossen?

Zeit zum Gießen ist es, wenn die Erde trocken ist, aber noch bevor die Pflanzen welken. Ob es schon soweit ist, prüfst du immer mit dem Finger.

Wie oft du gießen mußt, hängt vor allem von der Temperatur ab. Je wärmer es ist, um so schneller verdunstet die Feuchtigkeit. Im Hochsommer mußt du öfter gießen als im Frühling, und in der warmen Stube häufiger als im Garten. Die Häufigkeit richtet sich draußen natürlich auch danach, wie oft es regnet.

Gieße möglichst immer nur morgens oder abends. Mittags ist es nämlich meistens zu heiß: Das Wasser verdunstet dann zu schnell. Dadurch verkrustet die Erde, so daß Luft und Wasser nicht mehr zu den Wurzeln gelangen. Außerdem werden mittags bei starkem Sonnenschein Tröpfchen, die auf die Pflanzen gelangen, zu kleinen Brenngläsern, die Löcher in sie hineinbrennen!

Was die Menge angeht, so gehe nicht zu zaghaft an die Sache heran.

Opas oberschlaue Gartenfibel

Gieß reichlich, so daß die Erde nicht nur oben feucht wird, sondern das erfrischende Naß auch tatsächlich zu den Wurzeln vordringt. Wenn diese nämlich ständig zu wenig abbekommen, wachsen sie nach oben «dem Wasser entgegen», und das ist denkbar schlecht! Sei jedoch mit dem Wasser auch nicht zu verschwenderisch: Wenn du zuviel des Guten tust, können die Wurzeln keine Luft mehr aufnehmen, und die Pflanzen müssen ersticken.

Die Menge hängt noch von zwei weiteren Sachverhalten ab. Kleine Pflanzen brauchen weniger Wasser als große: Ein zartes Kressepflänzchen fordert dich als Regenmacher weit weniger als eine durstige Kürbispflanze. Zum anderen brauchen Pflanzen um so mehr Wasser, je größer sie werden: Ein Sonnenblümchen hat zum Beispiel vor der Ernte einen x-mal größeren «Brand» als kurz nach dem Keimen.

Drinnen ist es sehr einfach, richtig zu dosieren: Gieß so lang, bis Wasser

auf den Untersetzer austritt, und warte dann eine Weile. Alles, was sich die Pflanze danach nicht aus diesem «Fußbad» abgesaugt hat, ist zuviel und wird weggeschüttet.

Beim Gießen solltest du es vermeiden, einen tosenden Wasserfall von weit oben herunterplatschen zu lassen. So schwemmst du nur die Erde von den Wurzeln weg! Richtig ist, das Wasser sanft und in möglichst kleinen Tröpfchen herabregnen zu lassen. Am besten geht das mit einer Gießkanne, die einen Brausekopf mit sehr feinen Löchern hat.

Zum Wasser selbst: Am liebsten mögen es die Pflanzen schön lauwarm. Und es sollte möglichst aus einer Regentonne stammen: Es ist dann «weich», weil es kaum Kalk enthält. Bist du auf den Wasserhahn angewiesen, solltest du deine Ration immer bereits einen Tag vorher zapfen und über Nacht abstehen lassen. Dann setzt sich der «harte» Kalk am Boden ab, und schädliches Chlor, das Leitungswasser oft enthält, verfliegt.

Opas oberschlaue Gartenfibel

5. Nach fünf bis acht Tagen darf geerntet werden! Die Pflänzchen sind jetzt drei bis vier Zentimeter hoch, und es geht ihnen (schluck!) an den Kragen.

Wenn du die Kresse auf Papier angebaut hast, kannst du sie mit Haut und Haaren verdrücken. Auf Erde gezogene Kressepflänzchen haben aber erdige Wurzeln. Da Erde im Mund nicht so gut kommt (igitt-igitt!), solltest du die Pflänzchen nicht einfach im Ganzen heraus-reißen, sondern mit einem kleinen Messerchen oder einer Schere nicht zu tief unten abschneiden. Die Kresse wächst dann außerdem ein zweites Mal nach.

Nach der zweiten Ernte kannst du jederzeit wieder neue Kresse an-

säen: Der Inhalt des Päckchens reicht für drei bis vier Durchgänge. Und Samen-Nachschub gibt's fürn

Appel und'n Ei im Supermarkt oder Gartencenter. Bleibt nur noch eins zu wünschen: Guten Appetit!

Kesse Kresseraupe

Keine Angst – dieses Tierchen ver-greift sich bestimmt nicht an deinen Pflanzen! Ganz im Gegenteil: Seine «Haare» kannst du selber essen. Und deine Gäste werden staunen, wenn du sie ihnen in einem solchen Kriechtier servierst!

Das brauchst du:

1 Stück Tonpapier oder Karton
Filzstifte
1 Schere
5 Eierschalen
Kleber
Watte
Kressesamen

So wird's gemacht:

1. Zeichne ein großes Blatt auf das Tonpapier oder die Pappe, und schneide es aus. Klebe dann die Eier-schalen darauf. Vier von ihnen bil-den den Raupenkörper, aus der fünften wird der Kopf. Verklebe sie

nicht nur mit dem Blatt, sondern auch miteinander. Male dann der Raupe ein lustiges Gesicht auf, und bastle ihr noch ein paar Beine aus den Tonpapier- oder Pappresten.

2. Fülle die Eierschalen des Raupen-körpers mit etwas angefeuchteter Watte, und bestreue diese dann jeweils mit Kressesamen.

3. Stelle die Raupe auf ein helles, warmes Fensterbrett, und halte die Watte immer schön feucht. Nach kurzer Zeit bekommt deine Raupe eine üppige «Haarpracht», die du ihr dann mit einer Schere zurecht-stutzt.

Mit Kresse schreiben und malen

Nur für VIPs: Die etwas andere Art, sein Autogramm zu geben bzw. in die Kunstgeschichte einzugehen!

Das brauchst du:

1 große Platte oder 1 Tablett bzw.
  etwas Platz auf deinem Beet
Sand
1 Bleistift bzw. Stöckchen
1 Stück Papier oder Karton oder
  1 Ausstechform
ansonsten die gleichen Zutaten wie
  bei der ausführlichen Anleitung

So wird's gemacht:

1. Drinnen bedeckst du zuerst die Platte oder das Tablett mit Papiertaschentüchern oder Küchenkrepp. Draußen wählst du ein Stück von deinem Beet aus. Je mehr Platz du jeweils zur Verfügung hast, um so besser.

2. Bevor du etwas schreibst, machst du erst ein paar «Trockenübungen» in einem Sandkasten: Greif dir etwas Sand, schwinge mit der Hand, wie wenn du einen riesigen Stift führen würdest, und laß die Körnchen dabei immer schön gleichmäßig aus deiner Faust rieseln. Wenn du den Bogen raus hast, schreibst du dir deinen Schriftzug mit einem Bleistift oder Stöckchen auf der Papierlage bzw. Erde vor. Anschließend ziehst du ihn mit Kressesamen nach, nachdem du den Saatboden angefeuchtet hast.

3. Ein Kressebild bekommst du am besten mit einer Ausstechform oder einer selbstgemachten Schablone hin. Zeichne dein Motiv auf ein Stück Papier oder Karton, und schneide alle Teile aus, die du mit der Kresse «malen» willst. Lege die Schablone bzw. Ausstechform schließlich auf, und verteile dann die Samen schön gleichmäßig innerhalb der Konturen. Wenn du dich sicher genug fühlst, kannst du natürlich auch «freihändig» malen oder schreiben.

4. Nach dem Säen geht's genauso weiter wie in der ausführlichen Anleitung. Nach einigen Tagen ensteht dann der Schriftzug oder das Bild aus lauter kleinen Kressepflänzchen – stark!

Vorschreiben

Aussäen

Nach einer Woche

Eingeweichte Samen aufstreuen

Schablone schneiden

Jetzt kann's losgehen!

Fertig

Super!

Treffen sich zwei Regenwurm-Damen:
«Na, wie geht's dir und deinem Mann?»
«Ach ja, man frißt sich so durch!»

O sole mio!

Obacht! Bei diesen flutlichtlampenartigen Teilen – jedes Kind weiß, daß es sich bei ihnen um Blumen handelt, nur sie selbst sind felsenfest davon überzeugt, daß sie Bäume sind – mußt du höllisch aufpassen, daß du dir keinen steifen Nacken vom Hinaufgucken holst. Bis zu drei Meter hoch, also schätzungsweise drei- bis viermal so groß wie du, können sie werden – und das alles aus den klitzekleinen Sonnenblumenkernen, die du in dem Samentütchen findest!

Ihren Namen verdanken sie logischerweise ihren Blüten, die wie kleine Sonnen aussehen und fast den Durchmesser einer Radkappe erreichen können. Mit ihren bis zu 1000 Samen sorgen sie dafür, daß im Winter den Vögeln nicht vor lauter Kohldampf das Zwitschern vergeht. Aber auch große und kleine Menschen verachten sie nicht: Ob zu Sonnenblumenöl für leckere Salate «verflüssigt», als knusprige Zugabe in frischgebackenem Brot oder auch einfach nur so als gesundes Knabberzeugs für Zwischendurch – Sonnenblumenkerne sind einfach prima, und es lohnt sich auf jeden Fall, sich einmal ein paar «Sonnen am Stiel» zu ziehen.

Aber auch schon der Anbau selbst ist ein spannendes Abenteuer. Eine besonders verblüffende Beobachtung kannst du bei den Sonnenblumen machen, solange ihre Blüten noch nicht vollständig entwickelt sind. Dann wenden sie ihre Köpfe immer der Sonne zu und schwenken sie so im Laufe des Tages allmählich von Osten nach Westen! Glaubst du nicht? Probier's doch aus!

Superhohe Sonnen am Stiel in sieben Schritten

Das brauchst du:

1. Drinnen und draußen:
Wasser
1 Gießkanne
die Sonnenblumensamen aus
  dem Samentütchen
deine Pflanzkelle
Flüssigdünger
ca. 150-200 cm lange Holz- oder
  Bambusstäbe
Plastikclips oder Gärtnerschnur
1 alte Tageszeitung
1 Leinensäckchen

2. Drinnen:
1 sonniges Fensterbrett
1 oder mehrere Anzuchtbehälter,
  Durchmesser bzw. Breite oben
  je ca. 10 cm, mit jeweils dazu
  passendem Untersetzer

Tonscherben oder Kieselsteine
Einheitserde
1 oder mehrere durchsichtige
  Plastikbeutel
1 oder mehrere größere Behälter
  zum Umtopfen, Durchmesser
  bzw. Breite oben je ca. 15 bis
  20 cm, mit jeweils dazu
  passendem Untersetzer
etwas Sand, Kies oder Blähton

3. Draußen:
1 gut besonnten Abschnitt von
  deinem vorbereiteten Beet
  (seine Größe richtet sich
  danach, wie viele Sonnenblumen du anpflanzen willst)
1 Handvoll Sand
Mulchmaterial
1 Stück alte Gardine
  oder Gaze

So wird's gemacht:

1. Sonnenblumen kannst du drinnen wie draußen anbauen. Drinnen lassen sie sich ab März problemlos in Töpfen oder Kisten ziehen. Weil sie aber nach und nach immer mehr Platz beanspruchen, ist es von Vorteil, wenn du einen Garten hast. Dann kannst du sie ab April auch gleich dort säen oder die drinnen vorgezogenen Blumen dorthin umpflanzen, wenn sie sich

in der Wohnung zu sehr breitmachen.

Alle, die keinen Garten haben, brauchen jetzt nicht zu verzweifeln: Sonnenblumen lassen sich selbstverständlich drinnen zur Reife bringen – nur mußt du dann eben umtopfen und dich mit zwei, drei Exemplaren begnügen.

Sonnenblumen brauchen viel Sonne: Drinnen solltest du möglichst ein sonniges Fensterbrett beschlagnahmen, und draußen muß

das Beet die meiste Zeit in der Sonne liegen. Ist das nicht der Fall, suchst du einen geeigneteren Platz – am besten vor einer Südwand, wo die Sonne ordentlich hinknallt.

2. Für drinnen brauchst du geeignete Anzuchtbehälter. Ganz gleich, was du dazu nimmst, sie sollten einen Durchmesser bzw. eine Breite von ca. zehn Zentimetern haben. Ihre Anzahl richtet sich danach, wie viele Blumen du zur Reife bringen willst: Pro Pflanze brauchst du einen. Wie du ihn jeweils für die Anzucht herrichtest, erfährst du im grünen Kasten auf der rechten Seite.

Willst du Sonnenblumen draußen anpflanzen, mußt du von deinem Beet dafür einen Abschnitt abzweigen, logo. Seine Größe richtet sich danach, wie viele Pflanzen du ziehen willst: In einer Reihe müssen sie jeweils 50, und zwischen mehreren Reihen nicht weniger als 40 Zentimeter Abstand voneinander haben. Für vier Sonnenblumen brauchst du zum Beispiel ein Stück von 80 Zentimetern Breite und 100 Zentimetern Länge. Sieh dir dazu auch die Zeichnung an.

Besprich mit deinen Eltern, wie viele Pflanzen du ansäst und wie du sie anordnest. Zeichnet einen Plan, und markiert dann die Saatstellen. Ist alles geklärt, gießt du eine Stunde vor dem Säen den entsprechenden Beetabschnitt etwas.

So bereitest du einen Anzuchtbehälter vor:

1. Ist der Behälter aus Ton, mußt du ihn zuerst gut wässern, sonst klaut er nachher der Erde die Feuchtigkeit.

2. Decke das Abzugsloch mit einem flachen Stein oder einer Tonscherbe ab, damit sich die Erde nicht gleich wieder verdünnisiert!

3. Fülle mit der Hand oder Pflanzkelle Erde in den Behälter.

4. Setze beim Füllen den Behälter immer wieder mal fest auf, damit sich die Erde etwas verdichtet, oder drücke sie mit der Hand an. Mach den Behälter nicht randvoll, damit du nachher noch bequem gießen kannst.

5. Feuchte zuletzt die Erde etwas an, und stelle einen Untersetzer unter den Behälter.

3. Wer ernten will, muß erst mal säen. Du nimmst jeweils einen Sonnenblumenkern zwischen Daumen und Zeigefinger, steckst ihn in d e Erde und drückst ihn zwei bis d ei Zentimeter tief hinein. Danach schiebst du das Loch mit Erde zu, d e du schließlich gut andrückst.

Drinnen säst du so jeweils zwei bis drei Samen in einen Behälter. Draußen «spickst» du auf die gleiche Weise alle markierten Stellen mit ebenso vielen Sonnenblumenkernen. Laß in beiden Fällen ca. drei Zentimeter Abstand zwischen den Samen.

So wird umgetopft:

1. Zum Umtopfen brauchst du zunächst einen neuen Behälter, der größer als der alte ist – logisch! Für eine Sonnenblume sollte er oben mindestens 15 bis 20 Zentimeter Breite bzw. Durchmesser aufweisen. Genau wie der alte sollte er ein Abzugsloch haben. Ist er aus Ton, muß er vorher ebenfalls wieder gewässert werden.

2. Der Behälter wird nun zum Umtopfen genauso vorbereitet wie für die Anzucht – allerdings mit einem wichtigen Unterschied: Nachdem du das Abzugsloch abgedeckt hast, gibst du zuerst eine zwei bis drei Zentimeter dicke Lage aus Kieselsteinen, grobem Sand oder Blähtonkügelchen hinein... Erraten! Diese »Drainage-Schicht« sorgt dafür, daß die Pflanze auch weiterhin trockene Füße behält. «Drainage» kommt aus dem Französischen, wird «dränasche» ausgesprochen und heißt soviel wie «Entwässerung, Trockenlegung». Auf die Drainage-Schicht gibst du dann eine dünne Lage Erde.

3. Jetzt mußt du das Sonnenblümchen aus seinem alten Behälter herausbefördern: Lege eine Hand so auf die Erde, daß der Stiel des Pflänzchens zwischen deinem Mittel- und Ringfinger zu liegen kommt. Hebe den Behälter dann mit der anderen Hand hoch, drehe ihn um 180 Grad, und schüttle ihn zwei-, dreimal nach unten. Die Sonnenblume sollte nun mitsamt Wurzelballen in deine Handfläche kippen. Wenn nicht, mußt du ein bißchen nachhelfen. Drücke Mittel- und Ringfinger etwas zusammen, und ziehe vorsichtig am Stiel. Uff, geschafft!

4. Nun stellst du den Wurzelballen in den vorbereiteten neuen Behälter. Während du mit der einen Hand die ganze Pflanze festhältst, füllst du mit der anderen den Hohlraum zwischen Innenwand und Ballen mit Erde auf. Achte darauf, daß die Pflanze nicht zu tief, aber auch nicht zu hoch sitzt. Der Stielansatz der Sonnenblume sollte ca. ein bis zwei Zentimeter unterhalb des Behälterrandes liegen. Zum Schluß drückst du die Erde etwas fest.

5. Dann stellst du den neuen Behälter mitsamt passendem Untersetzer dorthin, wo vorher auch schon der kleinere stand. Vergiß auf keinen Fall, der Sonnenblume zur Begrüßung in ihrem neuen Zuhause einen Schluck aus deiner Gießkanne zu spendieren – sie kann ihn jetzt gut gebrauchen!

Anschließend wird vorsichtig gegossen. Drinnen verpackst du jeden Behälter noch in einen durchsichtigen Plastikbeutel und stellst ihn an einen warmen, hellen Ort. Draußen streust du etwas Sand auf jede Aussaatstelle, damit du nachher nicht einen halben Tag herumrätselst, wo du gesät hast. Den Boden zwischen den Aussaatstellen solltest du noch «mulchen». Was das ist und wozu es gut ist, erfährst du in «Opas oberschlauer Gartenfibel» auf Seite 31.

4. Beobachte nun regelmäßig, ob sich in Behälter oder Beet schon etwas abspielt. Nach gut einer Woche dann ... Überraschung! Die Samen sind aufgegangen, und die zarten Keimblättchen quetschen sich aus der Samenhülle!

Drinnen wird es jetzt höchste Eisenbahn, jeweils die Plastikhaube abzunehmen, damit frische Luft an die Pflänzchen kann. Und drinnen wie draußen mußt du nun natürlich auch regelmäßig gießen, damit die Kleinen nicht verdursten.

So wird ausgepflanzt:

1. Das Auspflanzen geht fast genauso wie das Umtopfen. Nur setzt du hier jede Pflanze nicht in einen anderen Behälter, sondern in dein Beet um. Zuerst mußt du ein oder mehrere Stellen markieren, wo die Sonnenblumen hin sollen. Mehrere Pflänzchen müssen zueinander die gleichen Abstände wie beim Ansäen einhalten, damit sie sich nicht gegenseitig Nährstoffe und Licht wegnehmen.

2. An jeder markierten Stelle buddelst du dann mit der Pflanzkelle ein Loch, das geräumig genug ist, um den Wurzelballen des Pflänzchens bequem aufzunehmen. Mach das Loch lieber zu groß als zu klein, damit nachher die Wurzeln nicht zusammengequetscht werden.

3. Wie beim Umtopfen stülpst du nun die Pflanze aus dem Behälter, setzt sie in das Loch, schiebst den Hohlraum mit Erde zu und drückst diese etwas an. Auch hier achtest du wieder auf die richtige Höhe des Wurzelballens.

4. Danach mußt du etwas gießen. Auch schadet es nichts, den Boden zu mulchen.

Mach es wie die Sonnenuhr, zähl die heit'ren Stunden nur!

Sonnenblumen sehen nicht nur aus wie kleine Schwestern der richtigen Sonne, sie können auch ihren Stand, und damit die Uhrzeit, anzeigen. Bei dieser Sonnenblumen-Sonnenuhr sagt dir der Schatten des Stiels immer, wie spät es ist!

Das brauchst du:

die gleichen Zutaten wie bei der ausführlichen Anleitung
1 Tag Zeit
Sonnenschein
1 Uhr
Kieselsteinchen
1 Stöckchen

So wird's gemacht:

1. Für die Sonnenuhr ziehst du dir draußen eine einzelne, freistehende Sonnenblume. Wenn sie eine Höhe von ca. 70 Zentimetern erreicht hat, wird die Sonnenuhr angelegt.

2. Wenn es soweit ist, brauchst du einen ganzen Tag lang Zeit. Stelle sicher, daß du ständig in der Nähe deiner Sonnenblume bleiben kannst; am besten geht das natürlich an einem Ferientag oder Wochenende. Und die Sonne muß scheinen. Kein Problem: Als Gärtner verfolgst du ja den Wetterbericht!

3. Du stehst dann ganz früh auf, rüstest dich mit einer Uhr, einer Ladung Kieselsteinen und einem Stöckchen aus und gehst dann raus zu deiner Sonnenblume. Dort kratzt du dann mit dem Stöckchen um den Stiel herum einen Halbkreis mit einem Radius von ca. 50 Zentimetern in den Boden. Setze seinen Anfang östlich von der Sonnenblume, wo die Sonne schon hervorblinzelt, und beende ihn westlich von der Blume, wo der lange Schatten des Stiels gerade hinfällt.

4. Dann schaust du auf die Uhr. Zu jeder vollen Stunde ziehst du mit dem Stöckchen den Schatten des Stiels von seinem Ursprung bis zum Halbkreis nach. Die Stelle, wo du den Kreisbogen schneidest, mar-

kierst du jeweils mit Steinchen: sechs Steinchen für sechs Uhr, sieben für sieben Uhr usw.

5. Allmählich wandert der Schatten um die Sonnenblume herum. Je später es wird, um so höher steigt die Sonne, und um so kürzer wird er. Erreicht er die Kreislinie nicht mehr, verlängerst du ihn in einer gedachten Geraden zu ihr hin. Um die Mittagszeit ist er am kürzesten und zeigt nach Norden, dann wird er wieder länger. Abends hast du dann alle Stunden markiert, und die Sonnenuhr ist fertig. Vorsicht: Jetzt kannst du dich nicht mehr damit herausreden, daß du deine Uhr vergessen hast, wenn du wieder mal zu spät zum Mittag- oder Abendessen kommst!

Nach ein oder zwei weiteren Wochen sind die Pflänzchen dann schon so groß, daß sie anfangen, sich gegenseitig den Platz und das «Futter», das heißt die Nährstoffe in der Erde, streitig zu machen. Deswegen mußt du jetzt eine unschöne, aber notwendige Maßnahme ergreifen: Von den zwei oder drei Pflänzchen mußt du jeweils das stärkste und am besten gewachsene aussuchen – nur dieses wirst du weiterziehen. Von den ein oder zwei anderen mußt du dich leider jeweils verabschieden! Zieh sie vorsichtig aus der Erde, und wirf sie in den Biomüll oder auf den Komposthaufen.

Die teuersten Sonnenblumen der Welt

Sie bestehen nicht aus Blättern, Stengeln und Blüten, sondern aus Ölfarbe und Leinwand. Wie bitte? Erraten! Es handelt sich um gemalte Sonnenblumen, die der berühmte niederländische Maler Vincent van Gogh in zahlreichen Gemälden verewigte. Er war von der Lebensfreude und den Farben der Natur begeistert, und vor allem die leuchtend gelben «Sonnen am Stiel» hatten es ihm angetan.

Eines dieser Sonnenblumenbilder wurde 1987 in London versteigert. Dabei erzielte es den stolzen Verkaufspreis von umgerechnet 72 Millionen Mark. Damit könnte man weit über 100 sehr komfortable Einfamilienhäuser bauen!

Knödel für die Vögel

Wenn du im Winter die Vögel füt-
terst, hilfst du ihnen zu überleben:
Die fröhlichen Piepmätze, gegen
deren Raubversuche du deine Sonnenblumenkerne im Herbst vertei-
digt hast, finden nun draußen nicht
genügend Futter. Über die leckeren
Sonnenblumen-Knödel werden sie
sich bestimmt freuen und sich zum
Dank bereitwillig von dir beobachten lassen.

Das brauchst du für einen Knödel:

100 g ungesalzenes Rohfett
100 g Sonnenblumenkerne
1 leeren 200-g-Joghurtbecher
1 ca. 20 cm langes Stück Schnur
*   oder stärkeren Draht*

So wird's gemacht:

1. Zuerst erhitzt du das Fett in
einem Topf, bis es flüssig ist. Achtung: Der Herd ist **gefährlich!**
Bitte deshalb deine Eltern oder älteren Geschwister, diesen Arbeits-
schritt für dich zu übernehmen.

2. Dann nimmst du den Topf vom
Herd und rührst die Sonnenblumenkerne hinein. Nachdem sich die
Masse deutlich abgekühlt hat, gießt
du sie in den Joghurtbecher, in
den du gleichzeitig die Schnur oder
den Draht hineinhängen läßt. Anschließend stellst du den Becher am
besten ins Freie.

3. Nach einiger Zeit ist die Masse
dann hart geworden. Jetzt ziehst
du den fertigen Knödel an der
Schnur bzw. am Draht aus dem
Becher; das geht ganz leicht, wenn
du vorher etwas heißes Wasser
über die Außenwand laufen läßt.
Dann machst du eine Öse bzw.
einen Haken aus dem Schnur- bzw.
Drahtende und hängst den Knödel
an einem Baum oder Vogelhäus-
chen auf. Achte darauf, daß er sich
außerhalb der Reichweite von Kat-
zen befindet!

5. Der jeweilige Sieger der ersten Runde wächst nun unter deiner Pflege munter weiter. Drinnen wird es ihm deshalb in seiner «Hütte» bald zu eng. Denn nicht nur Stiel und Blätter entwickeln sich. Auch der Wurzelballen wird – für dich nicht sichtbar – dicker und dicker. So dick, daß du schließlich nur zwei Möglichkeiten hast: umtopfen oder auspflanzen. Auspflanzen kommt für dich nur in Frage, wenn du einen Garten bzw. ein Beet hast. Umtopfen nur, wenn du die Sonnenblume drinnen zur vollen Reife bringen mußt oder willst.

Das Umtopfen bzw. Auspflanzen sind Arbeitstechniken, die im Prinzip bei allen Pflanzen gleich funktionieren und die du als richtiger Gartenprofi immer wieder brauchst. In den beiden grünen Kästen auf den Seiten 24 und 25 wird am Beispiel der Sonnenblume ausführlich gezeigt, wie es geht.

Die große Schwester am Himmel

Erde

Sie ist nicht nur der Energielieferant für die Sonnenblumen, sondern die Quelle allen Lebens auf der Erde, ohne die es weder Pflanzen und Tiere noch uns Menschen gäbe: Die Rede ist von der Sonne, dem Zentrum unseres Sonnensystems, um das außer unserer Erde noch acht weitere Planeten kreisen.

Alles an der Sonne ist so gigantisch, daß man sie sich nur mit Vergleichen etwas besser vorstellen kann. Zunächst einmal ist sie ungeheuer schwer: Sie wiegt soviel wie 333 000 Erdkugeln. Dann ist sie unvorstellbar groß und weit weg: Wenn du dir die Sonne als einen Ballon mit einem Durchmesser von 1,40 Metern vorstellst, ist die Erde im Verhältnis dazu gerade mal so groß wie eine Kirsche, die in einem Abstand von 150 Metern um sie kreist! Und schließlich ist die Sonne unvorstellbar heiß: Während es auf ihrer Außenhaut «nur» 5900 Grad Celsius warm ist, herrscht in ihrem Kern eine Hitze von 15 Millionen Grad! Zum Vergleich: Siedendes Wasser ist lediglich «schlappe» 100 Grad heiß.

Wenn die Sonnenblumen eine bestimmte Höhe erreicht haben und ihre Köpfe immer schwerer und voller werden, fangen sie an, sich «hinzulegen». Nun mußt du sie stützen. Dazu schiebst du jeweils vorsichtig einen Holz- oder Bambusstab neben dem Stiel in die Erde. An diesem Stab befestigst du dann die Sonnenblume mit Plastikclips oder Gärtnerschnur.

Im Laufe des Sommers wirst du es draußen immer öfter mit unge-

betenen Gästen zu tun bekommen: Vögel stehen total auf Sonnenblumenkerne, und sie fangen jetzt bereits an, die unreifen Leckerbissen zu stibitzen! Damit die kleinen Biester nicht jetzt schon alles verputzen, was sie im Winter dann viel dringender brauchen, wickelst du jeweils ein Stück alte Gardine oder Gaze um den Blütenkorb. Ätsch, angeschmiert!

6. Egal, welchen Weg deine Sonnenblumen bis jetzt genommen haben, für alle geht es jetzt gleich weiter. Du mußt sie vor allem regelmäßig und reichlich gießen. Je größer sie werden, um so mehr Durst entwickeln sie. Und ordentlich Hunger natürlich auch, haargenauso wie dein kleiner Bruder.

Im Freien, aber vor allem drinnen, führt dieser gesunde Appetit dazu, daß die Erde bald nicht mehr genug «Futter» enthält – die Sonnenblumen «lutschen» es regelrecht aus ihr heraus. Deshalb mußt du ihr wieder Nährstoffe zuführen – «düngen» sagt der Fachmann dazu. Du düngst deine Sonnenblumen, indem du ihnen alle zwei bis drei Wochen etwas Flüssigdünger ins Gießwasser kippst. Mehr zum Thema «Düngen» erfährst du in «Opas oberschlauer Gartenfibel» auf Seite 54.

7. Je nachdem, wann du gesät hast, ist es schließlich Zeit für die Ernte: Bis zur vollen Reife braucht die Sonnenblume ungefähr zwölf bis sechzehn Wochen. Hast du also zum Beispiel drinnen schon im März angesät, kannst du bereits Ende Juli die Früchte deiner Arbeit einfahren. An den Blütenrückseiten und Blättern kannst du gut erkennen, wann die Sonnenblumen tatsächlich reif sind: Wenn sie leicht braun werden, ist es soweit. Dann schneidest du jeweils die Blüte ab – wahrscheinlich brauchst du dazu jetzt eine Leiter! – und legst sie auf Zeitungspapier an einem schattigen, trockenen und vor allem «vogelfreien» Ort. Die Sonnenblumenkerne fallen dann nach einiger Zeit von selbst heraus. Zum Aufbewahren benutzt du am besten ein Säckchen aus Leinen – das dann hoffentlich prallvoll ist! Viel Erfolg!

Was du schon immer über das Mulchen wissen wolltest ...

Was ist «mulchen»?

Merkwürdiges Wort! Kein Wunder: Es kommt vom althochdeutschen «mullan», das soviel wie «zerreiben, zermalmen» bedeutete. Und das bringt dich der Sache schon ein Stück näher: Mulchen heißt, die «nackte» Erde zwischen den Pflanzen abzudecken, und zwar mit einer Schicht aus «zerriebenem, zermalmten» pflanzlichem Material. Gemulcht wird hauptsächlich draußen, aber auch drinnen ist es möglich und sinnvoll.

Mit dem Mulchen ahmt der Mensch die Natur nach: Im Wald ist der Boden zwischen den Bäumen keineswegs nackt, sondern von einer dicke Lage aus Laub, Nadeln, Zweigen, abgestorbenen Pflanzen usw. bedeckt. Eine Mulchdecke auf einem Beet erfüllt haargenau die gleichen Aufgaben.

Warum wird gemulcht?

Das Mulchen hat viele Vorteile. Für dich der wichtigste ist der, daß du dir damit eine Menge Arbeit sparst:

Ist die Erde mit Mulch bedeckt, kann die Bodenfeuchtigkeit nur langsam verdunsten. Das bedeutet, daß du seltener gießen mußt!

Eine Mulchschicht hält «Unkraut» davon ab, sich zwischen deinem Gemüse breitzumachen: Sie nimmt ihm das Licht zum Wachsen. Und sie hindert trotzdem noch sprießendes Unkraut daran, sich durch sie hindurch nach oben zu zwängen. Für dich bringt beides den Vorteil, daß du seltener Unkraut jäten mußt.

Beim Gießen verkrustet die Erde nicht so schnell, weil das Wasser erst auf die Mulchschicht trifft. Die Erde bleibt länger schön krümelig, und du mußt sie nicht so oft lockern. Mehr über das Jäten sowie das Lockern des Bodens erfährst du ebenfalls in dieser Fibel (Seite 46).

Da die Mulchdecke aus pflanzlichen Materialien besteht, verrottet sie nach einiger Zeit und düngt den Boden auf natürliche Weise. Das ist nicht nur für deine Pflanzen, sondern auch für dich ein Grund zur Freude – du mußt weniger düngen! Was du beim Düngen sonst noch beachten solltest, verrät dir diese Fibel auf Seite 54.

Über die Mulchschicht freuen sich auch die Regenwürmer, die im Boden ihre Gänge graben. Wie du weißt, vertilgen sie abgestorbene Pflanzenteile und scheiden sie als gute, neue Erde aus. Außerdem sorgen sie dafür, daß der Boden schön locker bleibt. Es ist deshalb doppelt vorteilhaft, wenn sie sich durch die Mulch-Rationen noch wohler fühlen.

Eine Mulchschicht sorgt schließlich dafür, daß die Bodentemperatur immer schön ausgeglichen ist. Deine Pflanzen sind dann dem anstrengenden Auf und Ab von Wärme und Kälte weniger ausgesetzt und danken es dir mit einem besserem Wachstum.

Wie geht das Mulchen?

Der Boden muß sich draußen erst erwärmt haben. Erst dann darfst du mulchen. Vorher mußt du außerdem den Boden auflockern und gießen.

Dann ist es soweit: Gleichmäßig deckst du die Erde zwischen den Pflanzen mindestens fünf Zentimeter hoch mit Mulch ab. Als Mulcmaterial dienen zerkleinerte Gartenabfälle, Stroh, kleingehäckselte Rinde, Heu oder Laub. Pappeschnitzel oder schwarze Plastikfolie gehen auch, besser ist aber pflanzliches Material, weil es den Boden später auch noch düngt. Etwas problematisch ist frischgeschnittenes Gras, weil Schnecken ganz wild darauf sind und es schnell fault.

Nach einiger Zeit verdünnisiert sich die Mulchschicht auf ganz natürliche Weise – sie verrottet. Du mußt sie deshalb in regelmäßigen Abständen erneuern.

Opas oberschlaue Gartenfibel

Opas oberschlaue Gartenfibel

Alles pingpong, oder was?

Auch wenn sie eher Pingpongbällen als der Leib- und Magenspeise von Bugs Bunny ähneln, handelt es sich bei diesen verrückten Früchtchen doch um echte Karotten. Zum Tischtennisspielen solltest du allerdings nur richtige Kunststoffbälle verwenden. Die Karotten springen nämlich überhaupt nicht und würden nur ganz häßliche Flecken auf deiner Kleidung und blaue Flecken auf dir hinterlassen ... Außerdem haben hier deine Eltern ausnahmsweise mal recht, wenn sie dich freundlich daran erinnern, daß man «mit dem Essen nicht spielt!»

Dagegen, daß du Karotten gerne und reichlich ißt, werden sie allerdings überhaupt nichts einzuwenden haben. Ganz im Gegenteil: Karotten sind sehr gesund – das haben sie mit dem Tischtennisspielen gemeinsam. Sie machen nicht dick, enthalten viele Vitamine und Mineralstoffe und stärken die Sehkraft.

Außer daß sie dich fitneßmäßig auf Vordermann bringen, schmecken die Pingpongkarotten natürlich fantastisch. Du kannst sie zum Beispiel zu einem leckeren Gemüse oder einer kräftigen Suppe verarbeiten oder kleingeschnitten in den Salat geben. Und der Karottenpunsch, den du aus ihnen herstellen kannst, wird deinen Gästen auf deiner nächsten Party ganz sicher das Wasser im Mund zusammenlaufen lassen.

Das Ziehen von Karotten ist fast ein Kinderspiel: Wie bei der Kresse kannst du nicht viel falsch machen. Allerdings brauchst du etwas mehr Geduld, denn die Karotten keimen erst nach zwei oder drei Wochen. Nun denn: Grün schlägt auf!

Eßbare Pingpongbälle in sieben Schritten

So wird's gemacht:

1. Drinnen kannst du deine Karotten schon ab Mitte Februar anbauen, während du draußen bis Mitte April warten mußt. Das Auspflanzen der Setzlinge – so nennt man Pflänzchen, wenn sie groß genug für einen Umzug sind – ist ebenfalls erst ab Mitte April möglich. Drinnen ist wie bei der Kresse ein heller, warmer Standort wichtig, draußen brauchst du einen relativ sonnigen Abschnitt deines Beetes.

2. Als Behälter sind am besten hohe Blumenkästen geeignet. Vielleicht kannst du ja welche aus den Beständen deiner Eltern ergattern?

Für den Anfang genügt davon einer; in einem 50 Zentimeter langen Exemplar kannst du ungefähr acht bis zehn Pflänzchen zur Reife bringen. Wenn du ganz wild auf Karotten bist, spricht natürlich nichts dagegen, gleich mit mehreren Behältern loszulegen. Den Blumenkasten bereitest du nun genauso für die Aussaat vor, wie es beim Anzuchtbehälter für die Sonnenblume auf Seite 23 beschrieben ist.

Draußen mußt du darauf achten, daß die Erde deines Beetes besonders locker ist: Wichtig ist ja bei den Karotten der Teil der Pflanze, der unterirdisch wächst. Und der hat es nun mal besonders gern, wenn er sich mühelos breitmachen kann.

Karotten werden in Reihen angesät, die 25 Zentimeter Abstand voneinander haben müssen. Innerhalb jeder Reihe brauchen sie jeweils fünf Zentimeter Platz zu ihren Nachbarn. In einem 60 Zentimeter langen und 25 Zentimeter breiten Streifen kannst du also etwa zehn bis zwölf Karottenpflänzchen zur Reife bringen.

Das brauchst du:

1. Drinnen und draußen:
1 Glasschälchen oder 1 Deckel
* von einem Einmachglas*
Wasser
die Karottensamen aus dem
* Samentütchen*
1 Handtuch
1 alten Stift oder Löffel
1 Gießkanne
deine Pflanzkelle
Flüssigdünger

2. Drinnen:
1 hellen, warmen Standort
1 Blumenkasten mit Untersetzer,
* ca. 50 cm lang*
Tonscherben oder Kieselsteine
Einheitserde

3. Draußen:
1 gut besonnten Abschnitt von
* deinem vorbereiteten Beet,*
* ca. 25 x 120 cm oder*
* 60 x 50 cm groß*
1 langen Stab oder 1 Stück Gärt-
* nerschnur und 2 Holzpflöcke*
1 Handvoll Sand
Mulchmaterial
1 Pflanzholz
1 kleine Harke

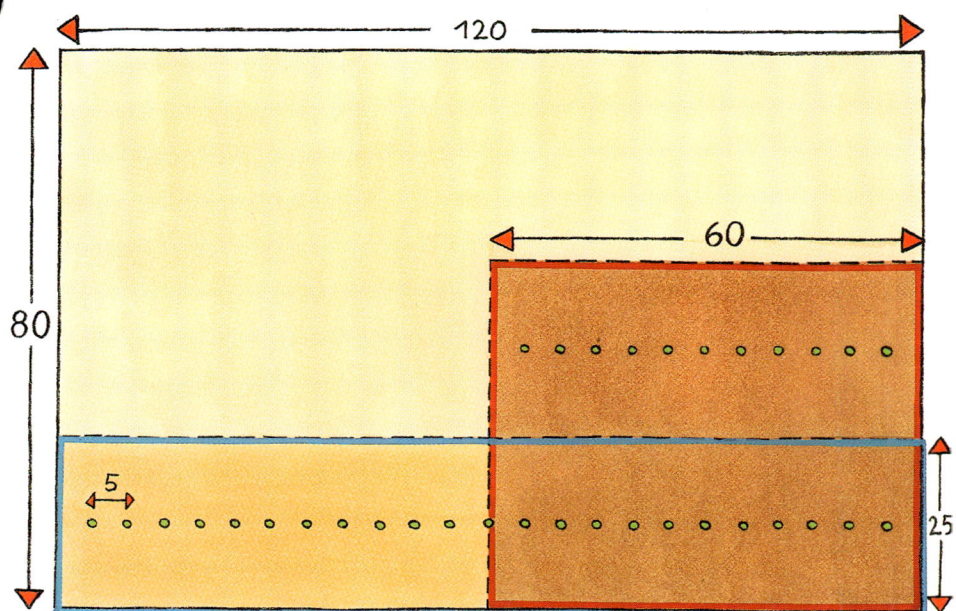

120

60

80

5

25

Draußen geht das Säen genauso. Zuerst mußt du eine oder mehrere Rillen ziehen. Längere kriegst du schön gerade hin, indem du einen langen Stab als Führung verwendest. Du kannst dir dazu aber auch eine Schnur zwischen zwei Holzpflöcke spannen.

In die Rille streust du dann wieder gleichmäßig die Samen. Anschließend schiebst du die Rille zu,

Für den Anfang solltest du dich mit einer 120 Zentimeter bzw. zwei 60 Zentimeter langen Reihen begnügen. Markiere dann einen entsprechend großen Abschnitt oder Streifen – die Zeichnung hilft dir dabei –, und gieße ihn eine Stunde vor dem Säen leicht.

3. Damit möglichst viele der Karottensamen aufgehen, läßt du sie vor der Aussaat einen Tag lang in einem mit Wasser gefüllten Schälchen vorquellen. Für einen Blumenkasten bzw. eine 60 Zentimeter lange Reihe benötigst du ungefähr ein Viertel des Päckcheninhalts. Ein paar Stunden vor der Aussaat gießt du das Wasser ab und breitest die Samen auf einem Handtuch aus. Wenn sie trocken sind, kannst du säen!

Drinnen ziehst du dazu in der Mitte des Blumenkastens in Längsrichtung eine zwei bis drei Zenti-

meter tiefe Rille in die Erde. Das geht am besten mit dem Finger, einem alten Stift oder einem Löffelstiel. In die Rille streust du dann schön gleichmäßig die Körnchen – etwa alle Zentimeter eines. Anschließend bedeckst du sie mit Erde, indem du die Rille von links und rechts her wieder zuschiebst. Nachdem du die Erde etwas angedrückt hast, gießt du die Saat vorsichtig an und stellst den Kasten samt Untersetzer aufs Fensterbrett. Das war's! Doch ganz easy, oder?

klopfst die Erde etwas fest und gießt die Saat vorsichtig an.

Damit du wie bei der Sonnenblume weißt, wo sich bald mal was rühren müßte, markierst du die Rille mit Sand. Das ist bei den Karotten besonders wichtig, da es eine ganze Weile dauert, bis die ersten Pflänzchen das Licht der Welt erblicken! Nachdem du noch gemulcht hast, kannst du erst mal eine wohlverdiente Pause machen.

4. Danach sorgst du dafür, daß die Erde immer leicht feucht ist. Nach zwei bis drei Wochen ist es dann soweit: Die ersten Triebe sprießen, und die Karottenkinder wachsen heran! Beobachte sie nun täglich, und versorge sie weiterhin regelmäßig mit Wasser.

Wenn die Pflänzchen nach weiteren zwei Wochen ca. vier bis fünf Zentimeter hoch sind, wird wieder wie bei den Sonnenblumen eine etwas häßliche Maßnahme fällig. Da die Kleinen mittlerweile zu eng stehen und sich gegenseitig am Weiterwachsen hindern, mußt du sie «ausdünnen».

Ausdünnen? Hä?... Richtig! Du wirfst schön gleichmäßig immer ein paar von den Pflänzchen heraus, bis die noch verbleibenden schließlich einen Abstand von jeweils fünf Zentimetern haben. Entferne dabei möglichst diejenigen, die sowieso schon etwas mickrig sind. Die herausgezogenen Pflänzchen gibst du in den Biomüll oder auf den Kom-

post. Wenn du die Mühe nicht scheust, kannst du die kräftigeren von ihnen natürlich auch in einen anderen Behälter bzw. eine noch freie Ecke deines Beetes umsetzen und weiterziehen. Der Fachmann nennt diese Arbeit «pikieren».

Mehr dazu erfährst du in «Opas oberschlauer Gartenfibel» auf Seite 39.

Mus muß sein!

Dieses saftige Apfel-Karotten-Mus schmeckt nicht nur großen und kleinen Maulwürfen, sondern ist auch supergesund und gut für die Muckis!

Das brauchst du:

1 Apfel
6–8 Pingpongbälle (oder 2 normale Karotten)
50 g gehackte Nüsse
1 Teelöffel Honig
1 Schuß süße Sahne
1 schönen Teller
1 Waffel

So wird's gemacht:

1. Zuerst schälst du den Apfel mit einem Messer oder Kartoffelschäler. Die frischgeernteten Karotten be-

freist du von ihrem Kopfschmuck und wäschst sie schön sauber; hartnäckigem Schmutz rückst du mit einer Bürste zu Leibe.

2. Jetzt reibst du den Apfel und die Karotten in eine Schüssel klein, gibst die Nüsse, den Honig und die Sahne dazu und verrührst alles gut miteinander.

3. Das fertige Mus gibst du dann auf einen schönen Teller und verzierst es mit einer Waffel. Mit ihr spachtelst du es auch in dich hinein. Mmh, köstlich!

5. Jetzt wachsen die Pingpong-bälle fröhlich weiter. Sollten sie sich nach dem Ausdünnen trotzdem noch gegenseitig bedrängen, ziehst du weitere heraus. Halt, nicht weg-werfen! Die an die Luft gesetzten Drängler kannst du nämlich bereits essen. Sie geben dir schon mal einen Vorgeschmack auf die Ernte.

Falls du drinnen angesäte Karot-ten draußen zur Reife bringen willst, ist ca. sechs bis acht Wochen nach der Aussaat der richtige Zeitpunkt zum Auspflanzen gekommen. Es geht fast genauso, wie es bei der Sonnen-blume auf Seite 25 beschrieben ist.

Die Pflanzlöcher gräbst du wieder mit deiner Pflanzkelle – mit einem richtigen Pflanzholz ist diese Arbeit hier jedoch eleganter zu erledigen. Du achtest selbstverständlich wieder auf die richtigen Abstände (fünf bzw. 25 Zentimeter).

Formel K

Ein Knaller auf jeder Kinderparty und endlich mal ein wirklich nützli-ches Spielzeug: Nachdem ihr euch mit spannenden Rennen verau-s-gabt habt, könnt ihr euch mit die-sen Flitzern wieder stärken!

Das brauchst du für ein Karottenauto:

1 «normale» Karotte
3 Pingpongkarotten
3 Zahnstocher
1 Messer
1 Schere
1 Rouladenspießchen

So wird's gemacht:

1. Zuerst entlaubst du alle Karotten und wäschst sie gut. Aus der langen Karotte wird der Fahrzeugrumpf, und aus den Pingpongkarotten baust du die Räder, das Lenkrad und den Fahrer deines Flitzers.

2. Als nächstes halbierst du mit einem Messer zwei Pingpongbälle

und mit einer Schere die Zahnsto-cher. Dann bohrst du mit einem Rou-ladenspießchen vorsichtig Löcher in den Rumpf und die Räder. Achtung: Mit dem Spießchen kannst du dich leicht **verletzen!** Laß dir die Löcher also lieber von deinen Eltern boh-ren. Nun befestigst du jedes Rad mit einem halben Zahnstocher am Rumpf – Einzelradaufhängung serien-mäßig!

3. Schneide den dritten Pingpong-ball so auseinander, daß du zwei unterschiedlich große Teile erhältst. Die kleinere Hälfte darfst du gleich verspeisen. Von der größeren Hälfte schneidest du eine dünne Scheibe ab – das Lenkrad. Das verbleibende Stück wird der behelmte Kopf dei-nes Rennfahres.

4. Dann bohrst du wieder mit dem Spießchen Löcher und montierst das Lenkrad und den Kopf mit den beiden noch übrigen Zahnstocher-hälften. Wenn du möchtest, ritzt du dem Fahrer noch ein Helmvisier und ein Gesicht ein. Jetzt geht's an den Start: Ready, steady, go!

Cooler Karottenpunsch

Ein tolles Erfrischungsgetränk, wenn dich an heißen Sommertagen der große Durst überfällt – und garantiert gesünder als pappige Cola!

Das brauchst du für zwei Gläser Karottenpunsch:

¹/₂ kg Pingpongbälle oder normale Karotten (nur für Bequeme):
¹/₄ l gekauften Karottensaft)
250 g Kefir
1 Eßlöffel Honig
etwas Zucker
etwas Wasser
1 ungespritzte Zitrone
2 Eiswürfel
2 Knickstrohhalme

So wird's gemacht:

1. Entlaube, wasche und würfle die Karotten, gib sie in den Entsafter, und gieße den frischen Karottensaft in den Krug. Wenn du gerade keine selbstgezogenen Pingpongbälle hast, nimmst du normale Karotten. Und wenn dir die ganze Entsaftungsaktion zu stressig ist, greifst du zu gekauftem Karottensaft aus der Flasche.

2. Gib den Kefir und den Honig zum Karottensaft, und vermische alles gut miteinander. Fertig ist der Durstlöscher!

3. Den Punsch servierst du in zwei hohen Gläsern, die du mit einem Zuckerrand verzierst. Dazu gibst du etwas Zucker auf eine Untertasse und etwas Wasser auf eine andere. Drehe nun die Gläser um, tauche sie zuerst in das Wasser, und drehe sie danach im Zucker.

4. Gieß den Karottenpunsch ein, und gib je einen Eiswürfel und einen Knickstrohhalm in jedes Glas. Schnipple dann noch von einer Zitrone zwei Scheiben ab, schneide sie bis zur Mitte ein und stecke sie auf die Glasränder. Warte dann ein Weilchen, bis der Punsch schön kalt ist. Auf eine erfolgreiche Ernte im nächsten Jahr!

Die Setzlinge bekommst du am besten durch vorsichtiges Ziehen aus dem Kasten. Dann plazierst du sie in die Löcher, drückst die Erde um sie herum gut an und gibst allen etwas Wasser. Zum Abschluß mulchst du noch den Boden zwischen ihnen.

6. Unabhängig von dem Weg, den deine Karotten bis hierher zurückgelegt haben, mußt du sie nun regelmäßig gießen und ihnen, vor allem drinnen, alle drei bis vier Wochen mit Flüssigdünger ein Festmahl bereiten.

Draußen mußt du außerdem noch zwei weitere Aufgaben übernehmen: Unkraut jäten und den Boden lockern. Was es mit diesen gärtnerischen Techniken auf sich hat, sagt dir «Opas oberschlaue Gartenfibel» auf Seite 46.

In der Jäger-Berufsschule erhalten die Neulinge gerade ihre erste Unterrichtsstunde zum Thema «Fangmethoden».
Der Lehrer fragt die Klasse: «Nun, meine Damen und Herren, was glauben Sie denn, wie man am besten einen Hasen fängt?»
Rainer Unsinn meldet sich: «Man setzt sich in den Wald und ahmt den Lockruf einer Karotte nach!»

7. Puh, geschafft! Ungefähr drei bis vier Monate nach der Aussaat kann endlich geerntet werden. Zieh die Karotten dazu einfach an ihrem «Kopfschmuck» aus der Erde. Na, sind die kleinen Köstlichkeiten nicht schön rund und prall geworden?

Bevor du sie jetzt gleich wegmampfst oder weiterverarbeitest, achtest du darauf, daß sie nicht wurmig sind (pfui Spinne!), und wäschst sie anschließend gründlich mit Wasser. Laß dir's schmecken!

Pik(ieren) ist Trumpf!

Was ist «pikieren»?

Tja ... vielleicht mit der Pik-As einen Stich machen? Nö, falsch geraten, damit hat das «Pikieren» gar nichts zu tun! Es bedeutet vielmehr, zu dicht stehende Pflanzen-Babys so umzusetzen, daß sie nachher jeweils mehr Platz haben. Dabei ziehen die Pflänzchen in einen oder mehrere neue Behälter um. Das Pikieren ist also so ähnlich wie das Umtopfen: Von Umtopfen spricht man aber nur, wenn Pflanzen schon viel größer sind und einen richtigen Wurzelballen haben.

Das Wort «pikieren» ist vom französischen «piquer» abgeleitet, das so viel wie «stechen» oder «spicken» heißt. Wie du weiter unten sehen wirst, beschreibt das diese Arbeit schon recht gut.

Warum wird pikiert?

Bei der Aussaat von Pflanzen, deren Samen sehr klein sind, verteilt man gleich eine große Anzahl von diesen auf einer ziemlich kleinen Fläche. Das ist zum Beispiel bei den Minitomaten der Fall.

Die Folge einer solchen «Vielkornsaat» ist, daß die Pflänzchen kurz nach dem Keimen zu dicht stehen. Sie nehmen sich gegenseitig Licht, Luft, Wasser und Nährstoffe weg und beeinträchtigen sich in ihrer Entwicklung. Damit sie gesund weiterwachsen können, mußt du sie pikieren.

In manchen Fällen, wie zum Beispiel bei den Pingpongkarotten, sparst du dir allerdings diese Mühe und dünnst die Saat einfach nur aus. Das ist immer dann zweckmäßig, wenn Samen billig und wie Sand am Meer vorhanden sind und der Behälter so groß ist, daß Pflanzen darin ohne weiteren Umzug zur Reife gelangen können.

Wie geht das Pikieren?

Zunächst gießt du die Pflänzchen in ihrer alten Behausung noch einmal, damit sie beim Pikieren nicht verdursten. Dann bereitest du einen oder mehrere neue Behälter vor, und zwar genauso wie die Anzuchtbehälter für die Sonnenblumen (Seite 23).

Nun bohrst du mit dem Finger oder einem Bleistift Löcher in die neue Erde. Die Abstände zwischen ihnen müssen natürlich größer sein als jene, die die Pflänzchen momentan noch haben. Wie groß genau ist allerdings von Pflanze zu Pflanze unterschiedlich; fünf bis sechs Zentimeter sollten es aber auf jeden Fall sein.

Jetzt werden die Pflänzchen umgesetzt! Zunächst ziehst du jedes vorsichtig aus der Erde heraus. Wenn du dazu die bloße Hand nimmst, faßt du es sehr vorsichtig an den Blättern an. Du kannst auch eine Pinzette verwenden. Mit ihr packst du das Pflänzchen am besten an seinem Stiel. Drücke dabei aber nicht zu fest zu!

In beiden Fällen mußt du es vermeiden, die Wurzeln zu beschädigen; vor allem den empfindlichen Haarwurzeln darf nichts passieren! Um die Pflänzchen leicht und heil herauszubekommen, kannst du die Erde um die Wurzel herum vorsichtig mit einem Zahnstocher oder Grillspießchen lockern.

Der Rest ist ein Kinderspiel. Du setzt jedes Pflänzchen in ein vorbereitetes Loch. Dabei achtest du darauf, daß es nicht tiefer sitzt als vorher. Dann drückst du jeweils die Erde außenherum fest. Ganz am Schluß alle Pflänzchen noch gießen – fertig!

Wie du siehst, hat das Pikieren also tatsächlich etwas mit «stechen» und «spicken» zu tun! Zum einen stichst du Löcher in die Erde, und zum anderen spickst du die Erde dann mit den Pflänzchen.

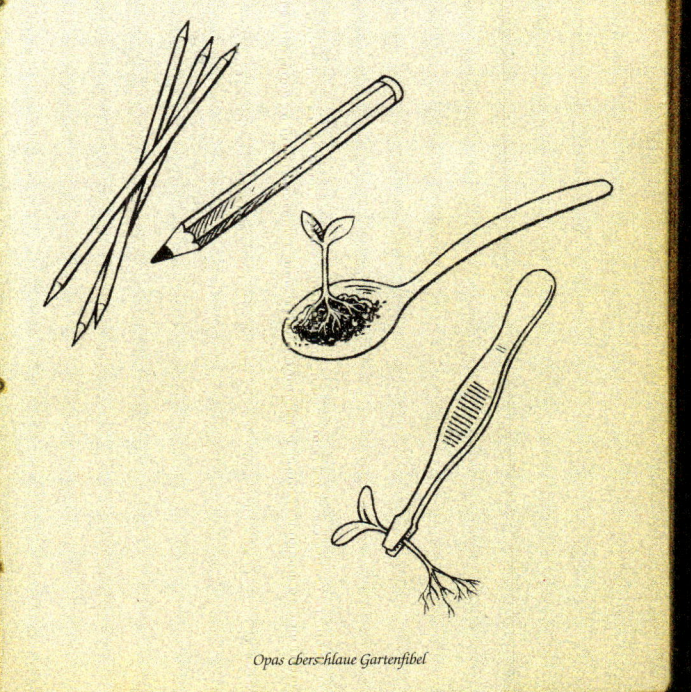

Opas oberschlaue Gartenfibel

Opas oberschlaue Gartenfibel

Märchen? Fauler Zauber? –
Nicht die Bohne!

Lila Bohnen? Gibt's doch wohl nur im Märchen! Weit gefehlt! Es gibt sie tatsächlich. Außer durch die verrückte Farbe ihrer Hülsen unterscheiden sich die lila Buschbohnen – so heißen sie im richtigen Leben – in nichts von gewöhnlichen grünen oder gelben Buschbohnen. Sie sind genauso gesund wie ihre «seriösen» Vettern: Sie enthalten massig Vitamine, Mineralien, Spurenelemente, dazu eine Menge Eiweiß… na ja, auf jeden Fall lauter Zeugs, das gut für dich ist. Und ebenso wie ihre vergleichsweise blassen Verwandten sind sie sehr nahr- und schmackhaft. Was wäre eine gute Küche ohne Bohnensalat, Bohneneintopf, Bohnensuppe…?

Apropos Küche – wenn sie gekocht werden, bieten dir die Magischen Zauberbohnen ein spannendes Schauspiel. Ihre Hülsen verfärben sich wie von Geisterhand: Vor der Zubereitung noch lila, sind sie nachher auf einmal grün. Ist hier Zauberei im Spiel? Keineswegs. Die Verfärbung beruht auf einem chemischen Vorgang. Schlaue Wissenschaftler könnten ihn dir haarklein erklären, aber damit sollst du dich jetzt nicht langweilen müssen.

Langeweile ist bei der Bohne übrigens kein Thema: Wie die Kresse und die Sonnenblume gehört sie zur schnellen Truppe unter den Pflanzen und ist damit ideal für ungeduldige Drängler. Weil sie so schnell wächst, eignet sie sich auch für einen tollen Wettkampf, den du mit deinen Freundinnen und Freunden austragen kannst.

Doch dazu später. Zuerst solltest du mal wissen, wie die Dinger überhaupt gezogen werden. Schwierig? Nicht die Bohne!

Magische Zauberbohnen in sechs Schritten

Das brauchst du:

1. Drinnen und draußen:
Wasser
deine Pflanzkelle
die Bohnensamen aus dem
   Samentütchen
1 alten Stift oder Löffel
1 Gießkanne
1 Schere
1 alte Tageszeitung

2. Drinnen:
1 hellen, warmen Standort
1 oder mehrere Blumentöpfe
   oder -kästen mit Untersetzer,
   Blumentöpfe mindestens
   20-25 cm Durchmesser,
   Blumenkästen mindestens
   50 cm lang
Tonscherben oder Kieselsteine
Einheitserde

3. Draußen:
1 gut besonnten Abschnitt von
   deinem vorbereiteten Beet,
   ca. 40 x 120 cm oder
   80 x 60 cm groß
1 langen Stab oder 1 Stück Gärtnerschnur und 2 Holzpflöcke
Mulchmaterial
1 Pflanzholz
1 kleine Harke

*Wie verhindert man, daß
Maulwürfe den Garten umgraben?
Ganz einfach – man versteckt
ihnen die Spaten!*

So wird's gemacht:

1. Mit deiner Bohnenzucht kannst du drinnen ab März loslegen. Wenn du allerdings vorhast, die Pflänzchen später nach draußen umzusiedeln, solltest du erst Mitte April anfangen, da Bohnen frostempfindlich sind. Spätfrost-Entwarnung kann aber erst nach den «Eisheiligen» gegeben werden.

Die Eisheiligen sind ein paar kalte Tage, die vom 12. bis zum 15. Mai dauern und merkwürdige Namen tragen: Pankratius, Servatius, Bonifatius und Kalte Sophie. Mitte April drinnen ausgesäte Bohnen haben nach ca. vier bis fünf Wochen die richtige Größe zum Auspflanzen erreicht. Genau dann also, wenn die kalten Herrschaften bereits ihren frostigen Auftritt hatten. Eine Aussaat im Freien darf natürlich ebenfalls erst danach stattfinden!

Bohnen lieben einen warmen Boden und viel Sonne. Wie bei den Karotten solltest du deshalb ein helles, warmes Fensterbrett bzw. einen Beetabschnitt in sonniger, geschützter Lage bevorzugen.

2. Für drinnen sind am besten Blumentöpfe und -kästen geeignet. Sie sollten möglichst groß sein, da die Bohnen nicht umgetopft werden und der Anzuchtbehälter bis zum Schluß ihre «Wohnung» bleibt. Töpfe sollten oben mindestens 20 bis 25 Zentimeter Durchmesser aufweisen und Kästen nicht unter 50 Zentimeter lang sein. Die Anzahl richtet sich wieder danach, wie viele Pflänzchen du anbauen willst. In einem Topf kannst du zwei bis drei, in einem Blumenkasten ungefähr acht bis zehn Bohnenpflänzchen ziehen.

Hast du über Art und Anzahl der Behälter eine Entscheidung getroffen, bereitest du sie für die Ansaat vor: Dazu hältst du dich wieder an die Anleitung, die du dafür auf Seite 23 findest.

Draußen werden die Bohnen in Rillen gesät, die jeweils 40 Zentimeter Abstand zueinander haben müssen. Innerhalb jeder Rille dürfen sich die Pflänzchen nicht näher als fünf Zentimeter kommen. Hier wieder zwei Vorschläge, die deinen Möglichkeiten und Bedürfnissen gut entsprechen dürften: In einem 40 Zentimeter breiten und 120 Zentimeter langen Streifen pflanzt du etwa 20 Bohnen an. Die gleiche Anzahl bringst du in einem 60 Zentimeter langen und 80 Zentimeter breiten Abschnitt unter. Alles klar?

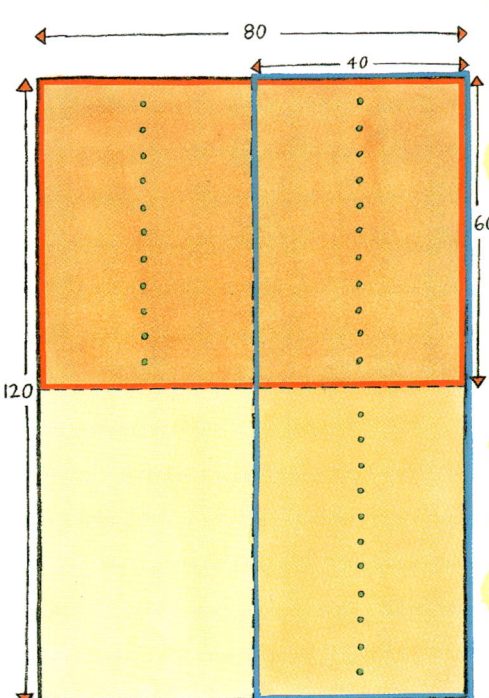

Zauberhaftes Bohnengemüse

Bei der Zubereitung dieses schmackhaften Gemüses kannst du beobachten, wie sich deine lila Zauberbohnen verfärben und allmählich grün werden. Wahnsinn!

Das brauchst du:

500 g Zauberbohnen
1 kleine Zwiebel
etwas Bratfett oder Öl
2 Teelöffel Gemüsebrühe
etwas Bohnenkraut
1 Tasse heißes Wasser
Salz und Pfeffer

So wird's gemacht:

1. Wasche die Bohnenschoten, kappe die Stiele und Spitzen, und ziehe die «Rückenfäden» ab. Schnipsle die Bohnen dann klein, und stelle sie einstweilen auf einem Teller auf die Seite. Schäle die Zwiebel, würfle sie, und stelle sie ebenfalls beiseite.

2. Gib etwas Bratfett oder Öl in einen Topf, und laß es heiß werden. Schütte die Zwiebeln hinein, und dünste sie an, bis sie glasig werden. Rühre dann die Bohnenschnipsel unter die Zwiebeln, und laß sie unter ständigem Rühren fünf Minuten anbraten. Achtung: Der Herd ist **gefährlich!** Sei beim Kochen besonders vorsichtig, und laß dir dabei von deinen Eltern helfen.

3. Gib die Gemüsebrühe und das Bohnenkraut dazu, und gieße das Ganze mit heißem Wasser auf. Würze mit Salz und Pfeffer, und laß das Gemüse dann bei geschlossenem Deckel zehn Minuten garkochen. Ab und zu lüftest du mal den Deckel und schaust nach, wie's vorangeht. Jetzt siehst du auch, wie sich die Bohnen verfärben! Schmeck vor dem Servieren das Gemüse dann nochmal mit Salz und Pfeffer ab. Guten Appetit!

3. In Töpfe werden die Bohnen fast auf die gleiche Weise wie die Sonnenblumen gesät. Bei Kästen geht das Säen so ähnlich wie bei den Karotten. In beiden Fällen mußt du nur auf die richtigen Abstände und Tiefen achten.

In einen Topf steckst du jeweils zwei oder drei Samen vier Zentimeter tief in die Erde, und zwar so, daß sie zueinander jeweils einen Abstand von fünf Zentimetern haben. Im Kasten machst du die Saatrille einen oder zwei Zentimeter tiefer als bei den Karotten. Der Ab-

stand, den du in der Rille von Samen zu Samen läßt, sollte jeweils fünf Zentimeter betragen. Anschließend

Löcher bzw. Rille schließen, Erde andrücken, Saat angießen, Topf oder Kasten aufs Fensterbrett stellen – fertig!

Draußen werden die Bohnen genauso gesät wie drinnen in einen Blumenkasten. Wie bei den Karotten ziehst du wieder eine oder mehrere Saatrillen. Sie sollte ebenso wie drinnen vier Zentimeter tief sein. In jede Rille legst du wie drinnen die Samen in Abständen von fünf Zentimetern hinein. Dann Rille schließen, Erde andrücken, Saat gießen, Boden mulchen, ebenfalls fertig!

Bohnen-Basketball

Hier ist Wurfgeschick und ein gutes Auge gefragt! Geheimtip: Der Karottenpunsch (Seite 38) ist hier genau das richtige «Zielwasser». Ein Glas davon, und du gehst topfit in den Wettkampf!

Das braucht ihr:

je Teilnehmer 10 Bohnensamen
verschiedene Filzstifte
1 Sessel oder 1 Decke und 1 Schnur
1 Eimer oder Karton

So wird's gemacht:

1. Zuerst markiert jeder Teilnehmer seine Samen mit «seiner» Farbe. Dann sucht ihr euch einen geeigneten Platz: Zwei bis drei Meter weit solltet ihr schon werfen kön-

nen. Im Garten ist das kein Problem; drinnen ist das Wohnzimmer oder der Flur der ideale Wettkampfort.

2. Dann baut ihr eine Sichtbarriere auf: Drinnen ist dafür beispielsweise ein Sessel gut geeignet, draußen hängt ihr eine Decke über eine Schnur, die ihr in 70 Zentimeter Höhe zwischen zwei Bäumen spannt. Kurz hinter die Barriere stellt ihr den Eimer oder Karton auf, und un-

gefähr zwei bis drei Meter davor markiert ihr eine Abwurflinie.

3. Dann geht's los: Abwechselnd werft ihr mit den Bohnensamen auf den Eimer. Er ist gar nicht so einfach zu treffen, wenn man ihn nicht sieht! Nach dem letzten Durchgang schaut ihr, was im Eimer gelandet ist. Wer die meisten «Körbe» gemacht hat, ist Sieger und beginnt die nächste Runde.

4. Jetzt heißt es abwarten und... nein, nicht Tee trinken, sondern die Saat regelmäßig gießen und beobachten. Nach acht bis zehn Tagen wird deine Mühe belohnt: Die Samen gehen auf, und in Windeseile wachsen die Pflänzchen heran. Du schaust weiterhin jeden Tag nach ihnen und sorgst dafür, daß sie keinen Durst leiden.

Falls du drinnen angesät hast und deine Zucht draußen fortsetzen willst, ist nach weiteren vier Wochen der richtige Zeitpunkt dafür gekommen: Die Setzlinge sind jetzt groß genug, und die Eisheiligen haben sich hoffentlich schon wieder zum Nordkap verzogen.

Das Auspflanzen geht im Prinzip genauso wie bei den Sonnenblumen (Seite 25). Die Pflänzchen

stülpst du allerdings nicht aus ihren Behältern, sondern hebst sie vorsichtig heraus, nachdem du ihre Wurzelballen freigelegt hast. Außerdem mußt du wieder die richtigen Abstände beachten.

5. Danach geht es langsam, aber stetig auf die Ernte zu! Doch vorher mußt du noch einiges für deine Böhnchen tun. Daß du ihnen regelmäßig Wasser gibst, ist sowieso klar.

Hier brauchst du nicht zu sparen, die Bohnen sind richtige «Trunkenbolde».

Was das Düngen angeht, mußt du dir keinen Kopf machen: Sie sind sehr genügsam. Sehr zu schätzen wissen es deine Bohnen allerdings, wenn du regelmäßig den Boden um sie herum lockerst und jätest. Lies in «Opas oberschlauer Gartenfibel» auf der nächsten Seite nach, wie das geht und wozu es gut ist.

Beim Lockern solltest du gleichzeitig auch noch etwas Erde um den Stielansatz herum aufschichten – Gartenprofis nennen das «anhäufeln». Dadurch bilden die Bohnen noch mehr Wurzeln und werden standfester.

Nach ungefähr sechs bis acht Wochen blühen die Pflanzen schließlich, und die Hülsen entwickeln sich allmählich. Die Ernte ist nicht mehr aufzuhalten!

6. Nach weiteren zwei Wochen kannst du den Lohn für deine mühevolle Arbeit abkassieren. Die jungen Hülsen schreien jetzt förmlich danach, von dir gepflückt zu werden. Dabei hältst du mit einer Hand den Bohnenstrauch fest, damit du ihn nicht aus Versehen entwurzelst. Hülsen, die noch zu klein sind, läßt du noch eine Weile hängen: Sie sind beim nächsten Durchgang dran.

Wenn du mit dem Abzupfen nicht zurechtkommst, kannst du die Hülsen auch kurzerhand abschneiden. Regelmäßiges Pflücken sorgt übrigens dafür, daß die Stauden immer neue Früchte hervorbringen – das geht allerdings nicht ewig!

Wenn du Samen für nächstes Jahr gewinnen willst, zupfst du die Hülsen nicht ab und läßt die Pflanze stehen, bis sie vertrocknet. Dann schneidest du sie ab und hängst sie über einer Lage Papier zum Trocknen auf. Die Hülsen gehen dann von selbst auf, und die Samen fallen herunter auf die Unterlage.

Achtung: Iß die gepflückten Bohnen niemals roh – sie sind **giftig!** Erst nach dem Kochen kannst du ungehemmt zugreifen. Bon appetit!

Auf zum fröhlichen Lockern und Jäten!

Was ist «den Boden lockern» bzw. «jäten»?

Der erste Begriff muß nicht erklärt werden, aber von «jäten» hast du vielleicht noch nie etwas gehört. Jäten bedeutet: Unkraut regelmäßig aus dem Behälter oder Beet entfernen. Beides sind Pflegemaßnahmen für den Boden, die dafür sorgen, daß sich deine Pflanzen in ihm pudelwohl fühlen.

Warum wird gelockert bzw. gejätet?

Vor allem ungemulchter Boden verkrustet sehr schnell: Durch den Regen, das Gießen und das Verdunsten des Wassers wird er ganz fest und glatt. Bleibt er längere Zeit so, bekommen die Wurzeln nicht mehr genug Luft, und das Gießwasser gelangt nicht mehr zu ihnen hinunter.

Damit es nicht soweit kommt, muß der Boden regelmäßig aufgelockert werden. Wie du bereits weißt, sorgt eine Mulchschicht dafür, daß du diese Arbeit nicht so oft durchführen mußt. Also: lieber mulchen statt lockern!

Als «Unkraut» werden alle kleinen Wildpflanzen bezeichnet, die sich nach einiger Zeit ungefragt in den Behälter oder das Beet einmieten. In der freien Natur sind sie sehr wichtig. Beim Gärtnern kannst du sie aber nicht gebrauchen, denn sie stibitzen den Nutzpflanzen Platz, Licht, Wasser und Nahrung. Deswegen mußt du sie regelmäßig entfernen – ein etwas mühsamer Job, der aber ebenfalls nicht so oft angesagt ist, wenn du mulchst.

Wie wird gelockert und gejätet?

Den Boden lockerst du, indem du ihn alle acht Tage um die Pflanzen herum mit einer kleinen Harke aufkratzt. Zieh sie gleichmäßig etwa zehn bis fünfzehn Zentimeter weit durch die Erde, und setze dann von neuem an. Versuche immer, das Gerät so parallel wie möglich zur Erde zu führen. Die Zinken sollten bei jedem Ziehen ungefähr ein bis zwei Zentimeter tief in die Erde eintauchen. Paß aber auf, daß du nicht tiefer gehst, damit du nicht aus Versehen die Wurzeln deiner Pflanzen verletzt.

Für drinnen gibt es übrigens extra Miniharken, mit denen du die Erde «kämmen» kannst. Draußen solltest du beim Lockern in gebückter Haltung rückwärts gehen, damit du die Erde nicht gleich wieder festtrittst und schon ausgewurzeltes Unkraut unfreiwillig wieder einpflanzt.

... womit wir auch schon beim Jäten wären. Wie du siehst, kannst du beide Arbeiten gut miteinander kombinieren: Beim Lockern entfernst du automatisch auch vorhandenes Unkraut. Zwischen den regelmäßigen Locker-Durchgängen jätest du zusätzlich alle paar Tage mit der Hand. Dabei ist wichtig, daß du die Schnorrer möglichst weit unten am Stiel packst, damit du sie auch restlos aus der Erde kriegst.

Paß sowohl beim Lockern als auch beim Jäten gut auf, daß du nicht aus Versehen deine Nutzpflanzen in Mitleidenschaft ziehst. Vor allem dann, wenn sie noch klein sind, mußt du oft schon zweimal hinschauen, um sie nicht mit Unkraut zu verwechseln!

Opas oberschlaue Gartenfibel

Opas oberschlaue Gartenfibel

Bohnen-Wettwachsen

Diesen spannenden Wettbewerb könnt ihr natürlich mit Buschbohnen durchführen. Noch besser gelingt er aber mit Feuerbohnen, die sehr viel schneller und höher wachsen! Sie sind nicht teuer; vielleicht findest du ja auch welche im Küchenschrank. Übrigens: Mit Sonnenblumen kannst du auch ein prima Wettwachsen veranstalten.

Das braucht ihr pro Teilnehmer:

1 Holz- oder Bambusstab
   (ca. 150–200 cm lang)
3 Feuerbohnensamen
1 Metermaß (eines für alle
   zusammen genügt)
ansonsten alle Zutaten wie bei der
   ausführlichen Anleitung

So wird's gemacht:

1. Da die Feuerbohnen sehr groß werden, tragt ihr das Wettwachsen im Freien aus. Anders als die Buschbohnen brauchen die Feuerbohnen etwas, an dem sie hochklettern können. Jeder Teilnehmer besorgt sich daher einen langen Holz- oder Bambusstab. Ihr steckt sie in Abständen von 50 Zentimeter in den Boden und sät dann dicht um sie herum eure drei Bohnensamen aus. Wichtig ist, daß ihr alle zum gleichen Zeitpunkt an den Start geht!

2. Danach trefft ihr euch möglichst täglich am Wettkampfplatz, um euch über den aktuellen Stand der Dinge zu informieren und euch um eure Bohnen zu kümmern. Schon nach kurzer Zeit sind die Samen aufgegangen. Da jeder von euch drei Bohnen gesät hat, sollte er nun auf jeden Fall mit mindestens ein oder zwei Pflänzchen im Rennen sein.

3. Nach zwei Wochen haben sich die Bohnen schon ein ganzes Stück weit nach oben gerankt. Jetzt entscheidet jeder, welche von seinen – im Idealfall drei – Kletterkünstlern die größten Siegchancen hat. Ihr laßt jeweils nur das Pflänzchen im Rennen, das am besten entwickelt ist. Die anderen entfernt ihr vorsichtig.

4. Jeder kümmert sich dann selber weiter um seinen Favoriten. Was ihr dabei alles zu beachten habt, ist in der ausführlichen Anleitung beschrieben. Es bleibt außerdem jedem selbst überlassen, mit welchen Geheimrezepten er seine Pflanze am besten an die Spitze peitscht. Manche schwören ja darauf, ihren Pflanzen gut zuzureden... Verboten ist jedoch alles, was den anderen Sprintern schadet!

5. Zu einem vorher festgelegten Zeitpunkt steht dann die Entscheidung an! Mit einem Metermaß meßt ihr, wessen Bohnenpflanze am weitesten emporgeklettert ist. Der Sieger wird dann gebührend geehrt und darf sich fortan mit dem Titel «Träger des großen lila Bohnenordens am Band» schmücken!

Von Monstern und Marsmännchen

Boah, ey! Dein Fahrrad dürfte zwar kaum in einen Riesenkürbis passen, aber für Diggers Drahtesel bietet er locker Platz! Diese monstermäßigen Medizinbälle zählen mit Durchmessern von bis zu 60 Zentimetern zu den größten Früchten im Pflanzenreich. Und zu den schwersten: Bis zu 70 Kilogramm bringen sie auf die Waage!

Weil sie so schwer sind, liegen sie beim Heranwachsen auch schon bald am Boden. Logisch. Oder kannst du dir einen Stengel vorstellen, der Lust dazu hätte, einen Rekord im Dauerstemmen eines solchen «Gelben Zentners» aufzustellen?

Beim Wachsen lassen die Monsterkürbisse erkennen, daß sie aus dem Urwald stammen: Sie bilden bis zu sechs Meter lange Ranken, die lautlos am Boden entlangkriechen. Und wenn du nicht höllisch aufpaßt, überwuchern sie gnadenlos alles, was ihnen in die Quere kommt! Laß also dein Stahlroß nicht allzulange unbeaufsichtigt neben einer unschuldig dreinblickenden Kürbispflanze stehen ...

Da können die Ufokürbisse nicht mithalten: Sie werden «nur» ungefähr 15 bis 20 Zentimeter im Durchmesser, und strecken auch keine Ranken nach deinen Besitztümern aus. Ihr Motto ist eher «Klasse statt Masse»: Ihre Form ist einfach total verrückt – Raumschiff Orion läßt grüßen. Außerdem kannst du aus ihnen feine Salate und superleckeres Gemüse machen.

Schmackhafte Sachen lassen sich auch aus den Monstern herstellen: Von Marmelade über Kompott bis hin zu gerösteten Kürbiskernen reichen die Möglichkeiten. Die Hauptsache ist allerdings immer noch ... genau, daß du aus ihnen gruselige Gespenster fabrizieren kannst!

Doch ohne Fleiß kein Preis! Bevor du deinen kleinen Geschwistern und Freunden einen gehörigen Schreck einjagen kannst, mußt du dir erst mal einen Kürbis ziehen. Mit der folgenden Anleitung eine Kleinigkeit (na ja, fast). Also, worauf wartest du? Vielleicht gelingt dir ja auf Anhieb ein prächtiger «Preisgewinner»?

Megagroße Monsterkürbisse und Fliegende Untertassen in sechs Schritten

Das brauchst du:

1. Drinnen und draußen:
Wasser
deine Pflanzkelle
1 Gießkanne
die Riesen- bzw. Ufokürbissamen
*   aus den Samentütchen*

2. Drinnen:
1 hellen, warmen Standort
1 Behälter mit Untersetzer,
*   Durchmesser bzw. Breite oben*
*   ca. 10 cm*
1 Tonscherbe oder 1 Kieselstein
Einheitserde

3. Draußen:
dein ganzes vorbereitetes und
*   sehr gut gedüngtes Beet, in*
*   möglichst sonniger und wind-*
*   geschützter Lage*
Mulchmaterial
Flüssigdünger
1 Spaten
1 Gartenschere
1 Pinsel
1 Brett oder 1 Stück Folie oder
*   1 alten Teller oder 1 Glasscheibe*
*   oder 1 Ziegelstein*

So wird's gemacht:

Die Monsterkürbisse und die Fliegenden Untertassen gehören beide zur selben Gattung. Deshalb unterscheiden sie sich kaum in der Art und Weise, wie du sie anbaust. Damit du dich nicht durch zwei sehr ähnliche Anleitungen quälen mußt, gilt die folgende für beide Pflanzen (mit ein paar Ausnahmen für die «Ufos», die entsprechend erklärt werden).

1. Alle Pflanzen, die du bisher in diesem Buch kennengelernt hast, konntest du sowohl drinnen als auch draußen ziehen. Die Kürbisse braten hier aber eine Extrawurst: Sie brauchen so viel Platz, daß ohne Garten praktisch nichts geht!

Was tun, wenn ihr keinen habt? Nun, vielleicht sind ja deine Großeltern, deine Onkel und Tanten, eure Nachbarn oder die Freunde deiner Eltern glückliche Gartenbesitzer und erlauben dir, deine Kürbisse bei ihnen zu ziehen? Erzähl ihnen einfach, was für tolle Eigenschaften diese außergewöhnlichen Pflanzen haben! Dann werden sie bestimmt auch Lust darauf bekommen und dir deine Bitte bestimmt nicht abschlagen.

Drinnen kannst du Kürbisse ab Mitte April auf einer sonnigen Fensterbank vorziehen. Das ist sogar zu empfehlen: Die jungen Pflanzen brauchen dann nämlich weder Frost noch Schädlinge zu fürchten und sind beim Umzug ins Freie schon viel weiter als gleichzeitig angesäte Freiland-Kollegen.

Kürbisse sind echte Kinder des Südens: Wie die Bohnen lieben sie die Sonne über alles und sind sehr empfindlich gegen Frost. Die Aussaat im Freien bzw. das Auspflanzen von Setzlingen ist daher wieder erst nach den Eisheiligen möglich.

Wer so megagroß wird, muß natürlich eine Menge futtern – vor allem die Riesenkürbisse. Dein Beet muß deswegen sehr gut gedüngt sein. Ist das nicht der Fall, ist es besser, einen Platz in der Nähe eines Komposthaufens zu suchen: Auf ihn kannst du dann die Ranken der Pflanze leiten und ihr so geben, was sie braucht.

Und noch etwas: Kürbisse mögen keinen Wind. Ganz schön anspruchsvoll, die Kleinen!

Gruseliger Gespensterkürbis

Diese Bastelidee stammt ursprünglich aus Amerika: Dort ist es für alle Kinder ein Muß, an «Halloween», dem Abend des 31. Oktober, einen Kürbis in ein schreckliches Gespenst zu verwandeln. Doch auch aus einem anderen Grund ist Halloween für sie sehr wichtig: Wild verkleidet ziehen sie abends von Haus zu Haus und sammeln Süßigkeiten und Spielzeug!

Das brauchst du:

1 alte Tageszeitung
1 Monsterkürbis
1 Kerze mit Kerzenhalter
1 Feuerzeug oder Streichhölzer

So wird's gemacht:

1. Lege zunächst den Tisch, auf dem du das Gespenst herstellen wirst, mit Zeitungspapier aus, und wuchte dann deinen Prachtkürbis darauf.

2. Schneide den Kürbis rund um den Strunk herum auf, nimm den so entstandenen Deckel ab, und höhle den Kürbis mit einem Löffel aus. Wirf aber vor allem die Samen nicht weg, sondern gib sie in eine Schüssel: Sie wirst du nachher verarbeiten (siehe «Frankensteins Freude» auf Seite 53).

3. Wenn der Kürbis hohl ist, drehst du ihn um und verpaßt ihm das allergräßlichste Gesicht, das du dir vorstellen kannst: ein riesiges, reißverschlußartiges Maul, einen monströsen, dreieckigen Zinken, faustgroße, unheimliche Augenlöcher, ausgefranste Blumenkohlohren usw.

4. Am Abend suchst du dir einen Platz, wo dein Gespenst mit Sicherheit allen, die nichtsahnend daran vorbeikommen, das Blut in den Adern gefrieren läßt. Du legst wieder Zeitungspapier unter, stellst die Kerze auf, zündest sie an, und stülpst deinen Freund aus dem Jenseits darüber. Huah, echt schaurig!

2. Da du wegen ihrer Größe nur eine Pflanze ziehen kannst, brauchst du drinnen nur einen einzigen Behälter. Er sollte oben einen Durchmesser bzw. eine Breite von etwa zehn Zentimetern haben. Für die Ansaat bereitest du ihn genauso vor wie die Anzuchtbehälter für die Sonnenblumen (Seite 23).

Draußen brauchen Riesenkürbisse sowohl innerhalb einer als auch zwischen mehreren Reihen jeweils 100 Zentimeter Abstand zueinander. Ufokürbisse gehen kaum sparsamer mit dem Platz um: Bei ihnen lautet die magische Zahl 90 Zentimeter sowohl von Pflanze zu Pflanze als auch von Reihe zu Reihe. Du kannst daher nur eine Monster- oder Ufokürbispflanze anbauen, und

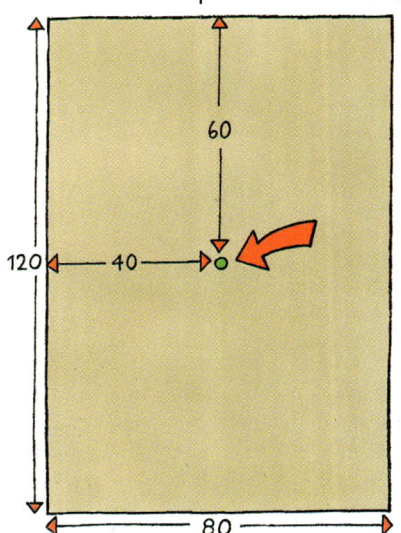

zwar genau in der Mitte deines Beetes. Weil eine aber mehrere Früchte tragen kann, die außerdem sehr groß werden, ist das überhaupt kein Problem! Nicht vergessen: vor dem Säen das Beet gießen.

3. So, jetzt geht's ans Säen! Das funktioniert fast genauso wie bei den Sonnenblumen: Du drückst zwei Kürbissamen mit der Spitze voraus ein oder zwei Zentimeter tief in die Erde. Zueinander sollten die Samen einen Abstand von etwa drei Zentimeter einnehmen. Danach schließt du die Löcher, drückst die Erde an und gießt etwas.

Drinnen stellst du zum Schluß den Behälter auf eine warme, helle Fensterbank. Draußen solltest du auf jeden Fall noch mulchen: Kürbispflanzen können es am Anfang überhaupt nicht gebrauchen, daß ihnen allerlei Unkraut die Butter vom Brot nimmt. Das Mulchen vertreibt außerdem gefräßige Schnecken und sorgt dafür, daß du nicht so viel gießen mußt.

4. Nach fünf bis sieben Tagen gehen die Kürbissamen auf, und die Pflänzchen wachsen mit affenartiger Geschwindigkeit heran – als gäbe es oberhalb des Behälters oder Beetes ein Schnäppchen zu ma-

chen! Ungefähr weitere zwei Wochen später ist es dann wieder Zeit für das etwas brutale «Top-oder-Flop-Spiel»: Das schwächere Kürbispflänzchen ziehst du heraus und gibst es auf den Kompost oder in den Biomüll.

Der Matchwinner wächst jetzt unter der regelmäßigen Dusche aus deiner Gießkanne um so stürmischer weiter. Nach nochmal zwei Wochen hat er sich drinnen dann zum kräftigen Setzling entwickelt. Er hat nur noch eins im Sinn: hinaus in die weite Welt ... oder wenigstens ins nächste Beet!

Beim Auspflanzen hältst du dich wieder an die Anleitung, die du dafür auf Seite 25 findest. Bevor du zur Tat schreitest, mußt du den Setzling allerdings noch einmal kräftig gießen, damit er nicht verdurstet, bevor seine Wurzeln in der neuen Umgebung Fuß gefaßt haben. Für die Stelle, wo du das Pflänzchen hinplazierst, gilt das gleiche wie für die Saatstelle: Sie sollte mitten im Beet liegen.

Auch nach dem Umzug wird noch einmal reichlich gegossen. Das Mulchen kannst du dir dagegen jetzt schenken: Der Kürbis-Teenager ist jetzt bereits so gefräßig, daß Unkraut null Chance hat, sich in seiner Nähe anzusiedeln.

In der Kleingartenkolonie.
Zwei Nachbarn unterhalten sich:
«Weißt du, warum unser Kollege dahinten mit einer Dampfwalze in seinen Kürbissen herumfährt?»
«Ja, ich glaube, er will Kürbis-saft machen!»

Frankensteins Freude

Die Kerne, die beim Gespensterkürbis (Seite 51) übrigbleiben, schmekken geröstet genauso gut wie Erdnüsse oder Maisflips. Ein paar von ihnen solltest du dir allerdings aufheben: Dann brauchst du dir nächstes Jahr für deine Gelbe-Zentner-Zucht keine zu kaufen.

Das brauchst du:

Kürbiskerne
etwas Öl
Salz

So wird's gemacht:

1. Wasche die Kerne in einem Nudelsieb, bis keine Fruchtfleischreste mehr an ihnen kleben. Breite sie dann auf einem Geschirrtuch zum Trocknen aus.

2. Nimm das Backblech aus der Backröhre, und heize sie auf 120 Grad vor. Gib etwas Öl auf das Blech, und verstreiche es mit einem Kuchenpinsel. Verteile dann die Kerne so auf dem Blech, daß sie nicht aufeinander liegen.

3. Schieb das Blech in die Röhre, und röste die Kerne dann 30 bis 45 Minuten. Nach der Hälfte der Zeit solltest du sie einmal mit einem Pfannenwender umdrehen, damit sie nicht anbrennen. Achtung: Der Herd ist **gefährlich!** Sei beim Rösten der Kerne besonders vorsichtig!

4. Schaufle die Kerne mit dem Pfannenwender anschließend in eine Schüssel, gib etwas Salz darüber, und schüttle sie etwas, damit es sich gut verteilt. Dann läßt du die Kerne noch abkühlen – fertig! Viel Spaß beim Knabbern!

5. Jetzt heißt es gießen, gießen und nochmals gießen und düngen, düngen und nochmals düngen.

Die Riesenkürbispflanze fängt jetzt an, vom Haupttrieb aus ihre Blätterranken auszubilden und in alle Richtungen am Boden entlangkriechen zu lassen. Bald werden sie dein ganzes Beet erobert haben.

Bevor sie allerdings fremde Jagdgründe anzapfen, schreitest du mit einer Gartenschere oder einem Spaten ein. Die Ranken bilden – vor allem, wenn du sie mit Erde bedeckst – wieder neue Wurzeln: Sie versorgen die Pflanze zusätzlich mit Futter, und das ist gut für ihr Wachstum – und das der Früchte!

Gut gedüngt ist halb geerntet

Was ist «düngen»?

Düngen bedeutet, dem Boden zusätzliche Nährstoffe zuzuführen. Tut man das vor der Saat bzw. Bepflanzung, spricht man von «Grunddüngung». Eine nachträgliche Versorgung wird «Nach-» oder «Kopfdüngung» genannt. Auf die Grunddüngung wird aber hier nicht weiter eingegangen, weil sie bei der Herstellung der gekauften Erde bzw. beim Anlegen deines Beetes bereits erledigt wurde.

Warum wird gedüngt?

Über ihre Wurzeln nehmen Pflanzen ständig Nährstoffe auf, die sich im Boden befinden. Diese haben zum Teil merkwürdige Namen und werden von ihnen für verschiedene Zwecke benötigt: Stickstoff sorgt allgemein für das Wachstum, Phosphor wird hauptsächlich für den Aufbau der Blüten und Früchte verwendet. Ein weiterer wichtiger Stoff heißt Kali und ist für den Geschmack der Früchte verantwortlich. Er sorgt aber auch zusammen mit Kalk für die Festigkeit der Pflanze. Magnesium ist eine wichtige Voraussetzung für das Blattgrün, und eine Reihe weiterer Stoffe übernehmen andere wichtige Aufgaben.

Ein guter, weil grundgedüngter Boden enthält alle diese Leckereien in einer ausgewogenen Mischung. Doch:

Opas oberschlaue Gartenfibel

Alles hat ein Ende, nur die Wurst hat zwei ... die Nährstoffvorräte sind begrenzt, vor allem in einem Behälter! Nach einiger Zeit haben die Pflanzen alles weggefuttert. Damit sie nun nicht verhungern und stramm weiterwachsen, mußt du ihnen neue Nahrung geben – also (nach)düngen.

Wie wird gedüngt?

Die Vielfalt der Stoffe und Materialien, die es zum Düngen gibt, ist so verwirrend groß, daß es sogar oberschlauen Gartenopas oft schwerfällt,

Kannst du bitte mal dein Zimmer aufräumen?

die richtige Wahl zu treffen. Sie hängt hauptsächlich davon ab, für welche Pflanze der Dünger bestimmt ist. Jede hat da andere Vorlieben. Die eine mag dieses, die andere jenes besonders gern. Die eine ist ohne megakräftige Nahrung nicht glücklich, wieder eine andere ist sehr genügsam und schon mit einem sehr kargen Bissen zufriedenzustellen. Man unterscheidet außerdem zwischen «organischen» und «mineralischen» Düngern. Alle haben sie bestimmte Vor- und Nachteile, und jeder Gärtner hat sein eigenes Geheimrezept parat, wenn du ihn

Gleich, ich muß mich erst mal düngen!

fragst, was für deine Pflänzchen am geeignetsten ist. Wer soll sich da noch auskennen?

Null problemo: Du verwendest am besten einen flüssigen Mineraldünger und bist damit aus dem Schneider. Mit ihm kannst du nicht viel falsch machen, da er in konzentrierter Form praktisch alle Nährstoffe enthält, die die meisten Pflanzen brauchen.

Das Düngen selbst ist total unkompliziert: Du gibst eine gewisse Menge der Flüssigkeit in dein Gießwasser und wässerst damit deine Pflanzen. Dabei mußt du aber aufpassen, daß du den «Energy-Drink» nicht direkt auf sie bringst – das vertragen sie nicht.

Was die Menge angeht, richtest du dich nach der Anweisung auf der Düngerflasche. Dort wird in Gramm oder Kubikzentimeter pro Liter Wasser angegeben, wie viel Dünger du nehmen mußt. Zum richtigen Dosieren dient die Verschlußkappe. Halte dich genau an die Vorgaben: Viel hilft hier nicht viel, sondern schadet deinen Pflanzen eher.

Die erste Düngung ist ungefähr vier Wochen nach der Aussaat fällig. Weitere «Fütterungen» solltest du dann alle zwei bis drei Wochen veranstalten. Die Häufigkeit schwankt allerdings stark von Pflanze zu Pflanze. Hier hilft nur die Erfahrung deiner Eltern und vorsichtiges Ausprobieren: Wenn du merkst, daß deine Pflänzchen nicht recht vorankommen, greifst du etwas öfter zur Flasche. Nach einigen Versuchen hast du bestimmt bald den Bogen raus!

Opas oberschlaue Gartenfibel

Die Ufokürbispflanze bildet dagegen keine Ranken. Ihr Stengel wächst aber auch mächtig in die Länge und windet sich ebenfalls bald über dein ganzes Beet.

An den Ranken bzw. am Stengel entwickeln sich schließlich acht bis zehn Wochen nach der Aussaat männliche und weibliche Blüten. Der Blütenstaub von den männlichen Blüten befruchtet die weiblichen Blüten, und aus den grünen Fruchtknoten der «Weibchen» entwickeln sich danach die Riesenkürbisse bzw. Ufos.

Hier hast du nun neben dem Düngen und Gießen zwei weitere Möglichkeiten, deinen Zuchterfolg zu verbessern. Zum einen kannst du den Bienen bei der Bestäubung unter die Arme greifen, indem du mit einem Pinsel Blütenstaub von den männlichen auf die weiblichen Blüten überträgst. Die Früchte fangen dann eher zu wachsen an und haben bis zur Ernte mehr Zeit, sich prächtig zu entwickeln.

Zum anderen gilt: Je mehr Früchte die Pflanze trägt, um so kleiner bleibt jede einzelne von ihnen. Klar, denn sie müssen sich ja die vorhandenen Nährstoffe brüderlich teilen. Um zwar weniger, dafür aber größere und schönere Kürbisse zu erhalten, solltest du daher einen großen Teil der heranreifenden Babys abzwicken und nur die kräftigsten weiterwachsen lassen. Willst du beim Riesenkürbis einen Rekordanwärter heranzüchten, mußt du sogar alle seine Mitesser ausschalten, damit nur er alleine alle vorhandenen Nährstoffe bekommt.

6. Ungefähr vier Monate nach der Aussaat ist der Lohn für die ganze Mühe jetzt buchstäblich zum Greifen nahe: Der Riesenkürbis bzw. die Fliegenden Untertassen werden immer größer und praller. Du solltest sie nun auf ein Brett, einen Ziegelstein oder ähnliches betten, damit sie unten nicht faulig werden.

Wenn der Monsterkürbis beim Anklopfen… nein, nicht «Herein!» sagt, sondern richtig hohl klingt, geht es ihm an den Kragen. Nachdem du ihn mit der Gartenschere am Strunk abgeschnitten hast, schleppst du ihn auf einen frostfreien, sonnigen Platz, wo du ihn noch so lange wie möglich nachreifen läßt. Anschließend bleibt es dir überlassen, ihn gleich zu verarbeiten oder ihn in einen kühlen, dunklen Keller einzulagern. Dort hält er sich dann bis in den Winter hinein.

Die Ufos werden dagegen schon geerntet, bevor sie richtig reif sind. Wenn sie einen Durchmesser von zwölf bis fünfzehn Zentimeter erreicht haben, schneidest du sie ab. Dann sind sie noch zart und schmackhaft, während zu große Früchte fad und holzig schmecken. Die Ufos lassen sich nicht lange lagern, sondern sollten gleich frisch verarbeitet werden.

Viel Spaß und viel Erfolg!

Hinter den blauen Bergen
bei den Garten-Zwergen

Au Backe! Die drolligen Garten-Zwerge würden sich sicher sofort eine Kiefersperre holen, wenn sie einfach mal eben so von diesen putzigen Bällchen abbeißen würden. Für beißfaule Kinder wie dich sind diese feuerroten Köstlichkeiten dagegen überhaupt kein Problem! Ganz im Gegenteil: Sie sind so klitzeklein, daß du sogar mehrere von ihnen locker auf einmal in den Mund nehmen und verspeisen kannst!

Dieses Minifrüchtchen heißt im richtigen Leben Cocktail- oder Kirschtomate. Klaro, sie sieht der Kirsche natürlich sehr ähnlich. Aber ansonsten hat sie mit ihr rein gar nichts zu tun; sie ist vielmehr eine Miniaturausgabe der «richtigen» Tomate.

Den würzigen Duft dieser fantastischen Pflanze und ihrer attraktiven Früchte kannst du schon zehn Kilometer gegen den Wind schnuppern. Wenn du alles richtig machst, wächst und wuchert das Zwergenfutter wie verrückt und bereitet dir Ernteglück ohne Ende – nicht ohne Grund heißt eine bekannte Sorte «Freude».

Freude kommt auch beim Geschmack der Minitomaten auf. Rein von der Größe her Zwerge, sind sie geschmacksmäßig wahre Riesen! Mit ihrem zuckersüßen Aroma kann keine noch so große Tomate mithalten, ganz zu schweigen von den wässerigen «Fabriktomaten».

Die Liste der Möglichkeiten, was du mit Tomaten alles anstellen kannst, ist fast endlos, und viele Gerichte sind ohne sie überhaupt nicht vorstellbar: Spaghetti ohne Tomatensauce? Wie Pommes ohne Ketchup... und das wird natürlich auch aus Tomaten hergestellt!

Tomaten anbauen ist total easy! Und das Zwergenfutter ist extrem gut für drinnen geeignet. Also, ans Werk! Du weißt ja: Ohne Schaufel und Spaten – keine Tomaten ...

Zuckersüßes Zwergenfutter in sieben Schritten

Das brauchst du:

1. Drinnen und draußen:
deine Pflanzkelle
Wasser
1 Gießkanne
Flüssigdünger
4 Holz- oder Bambusstäbe,
   ca. 50 cm lang
Plastikclips oder Gärtnerschnur

2. Drinnen:
1 hellen, warmen Standort
für die Anzucht: 1 Schale oder
   1 Plastikwanne oder 1 Anzuchtkasten
Einheitserde
1 Frühstücksbrettchen
die Cocktailtomaten-Samen
   aus dem Samentütchen zum

Pikieren: 6-8 Blumentöpfe mit
10 cm Durchmesser oder
150-cm-Blumenkasten,
jeweils mit Untersetzer
Tonscherben oder Kieselsteine
zum Umtopfen: 4 Blumentöpfe
   mit 20-25 cm Durchmesser oder
1 100-cm-Blumenkasten oder
1 zweiten 50-cm-Blumen-
kasten, jeweils mit Untersetzer
etwas Sand, Kies oder Blähton
1 alte Tageszeitung

3. Draußen:
1 gut besonnten und möglichst
   windgeschützten Abschnitt von
   deinem Beet, ca. 80 x 100 cm
   groß
Mulchmaterial
1 kleine Harke

gepflanzt, und diese Anleitung be-
schränkt sich deshalb auf diese Vor-
gehensweise.

Tomaten haben wie Kürbisse süd-
ländisches Blut in den Adern: Sie
stehen total auf Sonne und verab-
scheuen Wind. Ein Beet, in das du
sie später auspflanzen willst, sollte
ihren Sonderwünschen möglichst
entsprechen, sonst ist es Essig mit
einer tollen Ernte.

2. Für die Anzucht genügt eine
kleine flache Schale oder Plastikwanne. Falls du genug Mäuse hast,
kannst du dir natürlich auch einen
richtigen Anzuchtkasten besorgen.

Den Boden des Behälters ver-
siehst du mit Erde; eine zwei bis drei
Zentimeter dicke Lage reicht voll-
kommen aus. Auch mußt du bei

So wird's gemacht:

1. Wenn du die Tomaten drinnen
anbauen und zur Reife bringen
willst, kannst du damit bereits im
März anfangen. Andernfalls darfst
du sie erst im April ansäen: Sie sind
nämlich wie Bohnen frostempfindlich, und Setzlinge dürfen nicht vor
den Eisheiligen ausgepflanzt werden. In beiden Fällen ist als Standort wie gehabt ein warmes, helles
Fensterbrett gefragt.

Eine Aussaat direkt im Freien
kommt ebenfalls erst nach den Eisheiligen in Frage. Da die Tomaten

aber gut fünf Monate brauchen, bis
sie richtig reif sind, verschiebt sich
dann die Ernte schon bedenklich
weit in den Herbst hinein! Gerade
in unseren Breiten, wo der Sommer
oft schon Ende August leise Servus
sagt, ist das natürlich äußerst un-
günstig. Daher sät praktisch nie-
mand Tomaten im Freien aus. Übli-
cherweise werden die Pflänzchen
drinnen vorgezogen und dann aus-

einem größeren Behälter nicht den ganzen Boden bedecken: Eine Fläche von zehn auf fünfzehn Zentimeter Länge genügt dicke. Danach drücke die Erde mit der Hand oder einem Frühstücksbrettchen etwas fest, gießt etwas, und schon kann gesät werden.

3. Streue jetzt ca. 15 bis 20 Körnchen schön gleichmäßig und nicht zu dicht auf die Erde. Sie sollten zueinander einen Abstand von je drei bis vier Zentimetern haben. Dann bedeckst du sie mit etwas Erde, so daß sie ca. einen halben Zentimeter tief liegen. Zum Schluß drückst du die Deckschicht leicht an und gießt etwas. Wenn du das Schälchen dann auf das Fensterbrett gestellt hast, kannst du dich erst mal zurücklehnen.

Traumhaftes Tomatenketchup

Würde es nicht schon existieren, müßte man es schleunigst erfinden: Ketchup ist **die** Lieblingsspeise aller Kinder (und auch vieler Erwachsener…). Pommes frites, Hamburger und Schnitzel sind ohne die herrlich klebrige, superleckere rote Köstlichkeit schlichtweg ungenießbar!

Das brauchst du für ¼ Liter:

½ kg vollreifes Zwergenfutter
1 Zwiebel
etwas Bratfett oder Öl
50 ml Branntweinessig
1 Eßlöffel Öl
2 Eßlöffel Zucker
1 Teelöffel Salz
½ Teelöffel Pfeffer
3 Eßlöffel Tomatenmark

So wird's gemacht:

1. Wenn du kein selbstgezogenes Zwergenfutter hast, verwendest du normale Tomaten. Wasche sie gründlich, halbiere bzw. achtle sie, und stelle sie einstweilen zur Seite. Schäle dann die Zwiebel, schneide sie ganz klein, und stelle sie ebenfalls erstmal beiseite.

2. Gib etwas Bratfett oder Öl in einen Topf, und laß es heiß werden. Dünste darin die Zwiebelstückchen an, bis sie glasig werden. Gib dann alle Zutaten bis auf das Tomatenmark dazu, und verrühre alles gut miteinander. Schalte den Herd auf schwache Hitze zurück, und laß das Ganze ohne Deckel zu einem dicken Brei verkochen. Rühre die Masse gelegentlich um, damit sie nicht anbrennt. Achtung: Der Herd ist **gefährlich!** Sei beim Kochen besonders vorsichtig.

3. Nach ungefähr einer Stunde ist das Ketchup fast fertig. Nur die Tomatenhaut und die Zwiebelstückchen mußt du noch herausfiltern; dazu streichst du den Brei durch ein Nudelsieb in eine Schüssel. Anschließend rührst du noch das Tomatenmark unter und schmeckst mit Zucker, Salz und Pfeffer ab.

4. Nach acht bis zehn Tagen kommt Leben in die Bude! Die Saat keimt, und viele kleine Tomatenpflänzchen wachsen heran. Sorge jetzt dafür, daß die Erde immer feucht bleibt.

Sobald die Pflänzchen drei bis vier Zentimeter groß sind, heißt es für sie «Alles oder nichts»: Den Gewinnern winkt eine neue Wohnung, den Verlierern nur der Weg zum Kompost oder Biomüll....

Du wählst die sechs bis acht stärksten Pflänzchen aus und pikierst sie dann entweder einzeln in «Einzimmerappartements» oder alle zusammen in Abständen von fünf bis sechs Zentimetern in eine größere «Wohngemeinschaft». Wie das Pikieren genau geht, kannst du auf Seite 39 nachlesen.

Als Appartements sind am besten Töpfe mit zehn Zentimeter Durchmesser geeignet, als Wohngemeinschaft dient ein 50 Zentimeter langer Kasten. Vor dem Pikieren bereitest du diese Gefäße genauso vor, wie die Anzuchtbehälter für die Sonnenblumen (Seite 23). Danach stellst du die Pflanzen wieder aufs Fensterbrett und gibst ihnen einen Schluck zu trinken.

Insalata Caprese

Die Insel Capri im Süden Italiens hat diesem typisch italienischen Salat seinen Namen gegeben. Daß die Italiener große Tomatenfans sind, weißt du ja bestimmt – viele Nudelgerichte oder Pizzas kommen ohne die roten Bälle nicht aus.

Das brauchst du:

*6–8 Minitomaten
   (oder 2–3 normale Tomaten)
125 g Mozzarella
Wein- oder Balsamico-Essig
Olivenöl
Salz
Pfeffer
frisches Basilikum*

So wird's gemacht:

1. Wasche die Tomaten gründlich, und schneide sie in Scheiben. Öffne dann die Mozzarella-Packung, gieße die Flüssigkeit ab, und schneide den Käse ebenfalls in Scheiben, die in etwa so groß wie die Tomatenscheiben sind.

2. Nimm nun immer abwechselnd eine Scheibe Tomate oder Käse, und lege sie wie «Dachziegel» so in umlaufenden Reihen auf einen flachen Teller, bis er komplett bedeckt ist. Dann verteilst du etwas Essig und Öl darüber und würzt das Ganze mit Salz und Pfeffer.

3. Zum Schluß zupfst du etwas frisches Basilikum obendrauf – es verleiht dem Gericht erst das gewisse Etwas. Laß dann den Salat noch ein wenig ziehen, bevor du über ihn herfällst. Ein Butterbrot schmeckt dazu ganz hervorragend. Buon appetito!

5. Jetzt haben die Sieger der ersten Runde erst einmal etwas Ruhe. Du gießt sie regelmäßig, und sie wachsen keck weiter.

Doch wenn sie ca. zehn Zentimeter hoch sind, geht es in die zweite und letzte Runde von «Alles oder nichts»: Für die verbliebenen sechs bis acht Kandidaten geht es nun darum, wer von ihnen umgetopft bzw. ausgepflanzt wird. Nur die vier stärksten können eine noch geräumigere «Villa» bzw. dein Luxusbeet beziehen!

Das Umtopfen bzw. Auspflanzen geht fast genauso wie bei der Sonnenblume. Aus den zu eng gewordenen Töpfen kriegst du die Pflänzchen so heraus, wie es dort beschrieben ist. Bei einem Kasten mußt du etwas anders vorgehen: Drinnen legst du zunächst deinen Arbeitsplatz mit Zeitung aus; draußen erübrigt sich dieser Schritt. Dann stellst du den Kasten auf das Papier bzw. das Beet, legst ihn vorsichtig auf die Seite und beförderst durch Rütteln und Schütteln den Kasteninhalt sachte auf die Zeitung bzw. Erde.

Vampir-Cocktail

Kein Wunder, daß Graf Dracula und Konsorten nachts immer noch ihr Unwesen treiben: Ihr Lieblingsgetränk ist nicht nur herrlich erfrischend, sondern auch eine megagesunde Vitamin-Infusion! Vor allem auf Karnevalsparties darf dieser ganz besondere Grusel-Saft auf keinen Fall fehlen!

Das brauchst du pro Glas:

¼ kg Tomaten (oder ¼ l gekauften Tomatensaft)
Salz
Pfeffer
1 Spritzer Zitronensaft
1 paar Tropfen Tabasco
1 Scheibe festen Schnittkäse
1 Eiswürfel
1 Knickstrohhalm
etwas frische Petersilie

So wird's gemacht:

1. Wasche die Tomaten, gib sie in ein hohes Gefäß, und verarbeite sie mit einem Pürierstab zu Tomatensaft;

nur ganz bequeme Vampire verwenden gekauftes «Blut». Schütte den Saft in einen Krug, und würze ihn mit Salz, Pfeffer, einem Spritzer Zitronensaft und ein paar Tropfen Tabasco. Achtung: Tabasco ist höllisch **scharf**!

2. Gieße den Cocktail dann in hohe Gläser, und dekoriere sie jeweils mit zwei schaurigen Vampirgebissen, die du aus einer Scheibe Schnittkäse fabrizierst und an den Rand steckst. Die Zeichnung zeigt dir, wie die Gebisse gemacht werden. Dann noch einen Eiswürfel und einen Knickstrohhalm in jedes Glas, etwas frische Petersilie obendrauf – fertig!

Alle Behälter, in die du die Pflänzchen umtopfst, bereitest du so vor wie bei der Sonnenblume (Seite 24). Die vier stärksten Pflänzchen bekommen jeweils einen neuen Topf, der oben mindestens 20 bis 25 Zentimeter Durchmesser haben sollte. Wenn du willst, kannst du sie aber auch alle zusammen in einen 100 Zentimeter langen Kasten oder paarweise in zwei 50 Zentimeter lange Kästen umsetzen.

Wenn du die Sieger der ersten Runde in eine 50-Zentimeter-Wohngemeinschaft pikiert hast, brauchst du dir jetzt nur einen zweiten Kasten der gleichen Größe zu besorgen: Zwei von den vier auser-

wählten Pflänzchen ziehen zunächst vom ersten in den zweiten Kasten. Die anderen zwei versetzt du danach einfach im ersten Kasten auf den richtigen Abstand, nachdem du dich von den schwächeren Pflänzchen getrennt hast.

Nach dem Umtopfen stellst du die Sieger der zweiten Runde wieder an ihren alten Platz. Gießen nicht vergessen!

Beim Auspflanzen mußt zu beachten, daß die Stauden in alle Richtungen 50 Zentimeter Abstand zueinander brauchen. Die Zeichnung zeigt dir, wo du in deinem Beet die Pflanzlöcher buddeln und die Babytomaten-Teenager hinplazieren mußt.

Was die Höhe des Wurzelballens angeht, ist es von Vorteil, wenn du ihn jeweils etwas tiefer als vorher in den Behälter setzt. Die Pflanzen wurzeln dann besser an und wachsen üppiger. Nach dem Auspflanzen gießt du die vier Pflanzen an und mulchst noch den Boden.

Finger weg von unreifen Tomaten. Sie sind giftig!

6. Jetzt brauchen deine Tomaten regelmäßig und reichlich Wasser. Beim Gießen solltest du allerdings darauf achten, daß die Pflanzen selber trocken bleiben. Wassertröpfchen wirken nämlich wie kleine Brenngläser: Sie bündeln die Sonnenstrahlen und brennen Löcher in die Blätter!

Je größer die Stauden werden, um so mehr Kohldampf entwickeln sie. Drei Wochen nach dem Umtopfen bzw. Auspflanzen mußt du ihnen deshalb eine Ladung Flüssigdünger ins Gießwasser verabreichen. Diese Prozedur wiederholst du anschließend alle zwei Wochen.

Ab Anfang Juni solltest du deine Tomatenpflänzchen auch regelmäßig «ausgeizen». Was das ist und wozu es dient, verrät dir «Opas oberschlaue Gartenfibel» auf der nächsten Seite.

Kundin zum Gemüsehändler:
«Ein Pfund deutsche Tomaten, bitte!»
Gemüsehändler: «Deutsche haben
wir leider nicht, aber spanische
wären noch da!»
Kundin: Ich hätte aber gerne
deutsche!»
Gemüsehändler: «Wollen sie die
Tomaten essen oder sich mit ihnen
unterhalten?»

Nach Blüte und Bestäubung entwickeln sich dann die Tomätchen. Sie sind zuerst noch grün und werden erst kurz vor der Ernte rot. Achtung: Noch grüne Tomaten sind **giftig**! Du darfst sie auf keinen Fall essen, bevor sie richtig reif sind!

Wenn die Tomätchen dann ordentlich an Größe und Gewicht zunehmen, müssen die Tomatenpflanzen mit einem Stab gestützt werden. Dazu gehst du genauso (Seite 30).

Wie die Bohnenpflanzen sind deine Tomatenzöglinge hellauf begeistert, wenn du ihnen ab und zu den Boden schön auflockerst und Unkraut vom Leibe hältst. Wie das geht, kannst du auf Seite 46 nachlesen.

7. Ungefähr fünf Monate nach der Aussaat ist endlich ernten angesagt! Pflücke dann nur richtig reife, vollständig rote Früchte vom Strauch. Sie gehen ganz leicht ab, während noch nicht ganz «fertige» etwas mehr Widerstand leisten.

Tomaten, die trotz geduldigen Wartens einfach nicht richtig rot werden wollen, mußt du aber nicht wegwerfen. Pflücke sie schließlich auch ab, und lege sie an einen dunklen, kühlen Ort: Dort reifen sie dann in ein paar Tagen nach.

Viel Erfolg und viel Freude mit deinem Zwergenfutter!

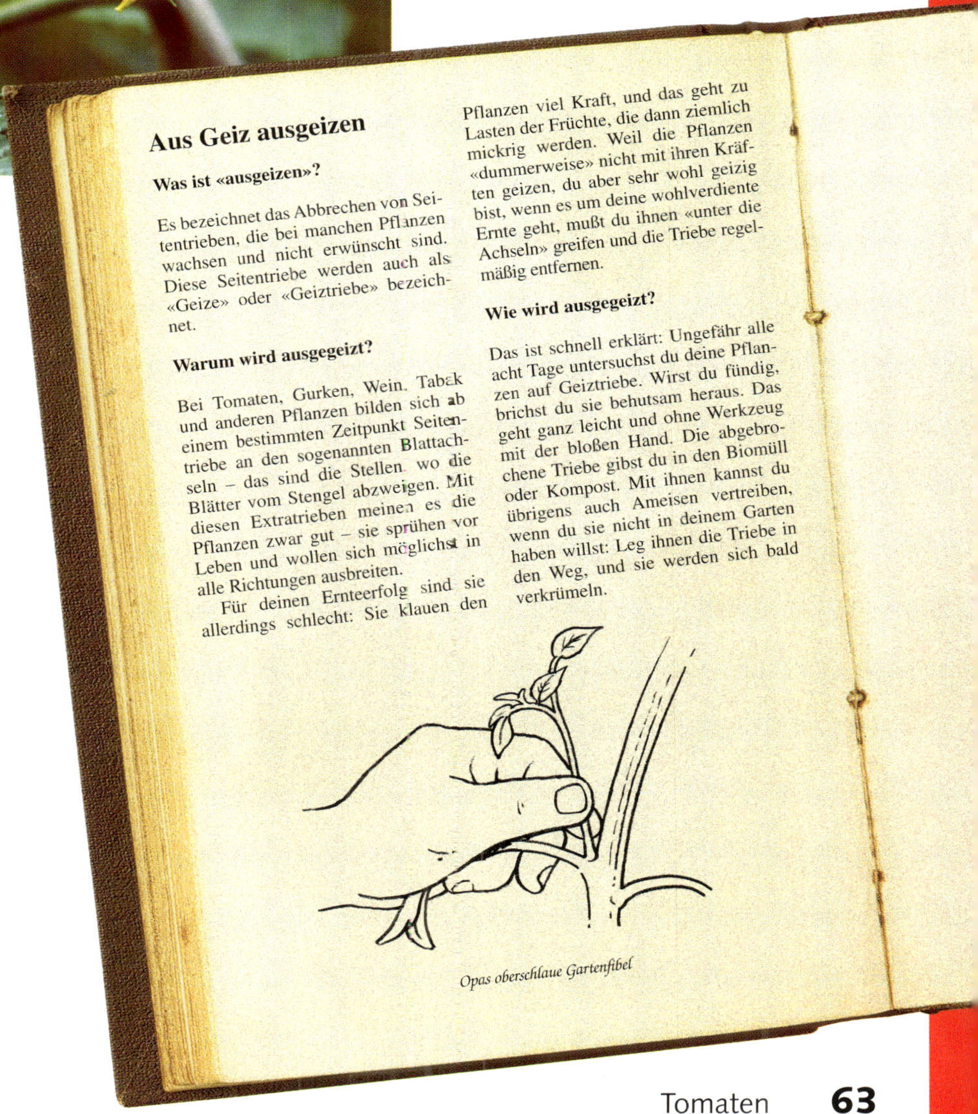

Aus Geiz ausgeizen

Was ist «ausgeizen»?

Es bezeichnet das Abbrechen von Seitentrieben, die bei manchen Pflanzen wachsen und nicht erwünscht sind. Diese Seitentriebe werden auch als «Geize» oder «Geiztriebe» bezeichnet.

Warum wird ausgegeizt?

Bei Tomaten, Gurken, Wein, Tabak und anderen Pflanzen bilden sich ab einem bestimmten Zeitpunkt Seitentriebe an den sogenannten Blattachseln – das sind die Stellen, wo die Blätter vom Stengel abzweigen. Mit diesen Extratrieben meinen es die Pflanzen zwar gut – sie sprühen vor Leben und wollen sich möglichst in alle Richtungen ausbreiten.

Für deinen Ernteerfolg sind sie allerdings schlecht: Sie klauen den Pflanzen viel Kraft, und das geht zu Lasten der Früchte, die dann ziemlich mickrig werden. Weil die Pflanzen «dummerweise» nicht mit ihren Kräften geizen, du aber sehr wohl geizig bist, wenn es um deine wohlverdiente Ernte geht, mußt du ihnen «unter die Achseln» greifen und die Triebe regelmäßig entfernen.

Wie wird ausgegeizt?

Das ist schnell erklärt: Ungefähr alle acht Tage untersuchst du deine Pflanzen auf Geiztriebe. Wirst du fündig, brichst du sie behutsam heraus. Das geht ganz leicht und ohne Werkzeug mit der bloßen Hand. Die abgebrochene Triebe gibst du in den Biomüll oder Kompost. Mit ihnen kannst du übrigens auch Ameisen vertreiben, wenn du sie nicht in deinem Garten haben willst: Leg ihnen die Triebe in den Weg, und sie werden sich bald verkrümeln.

Opas oberschlaue Gartenfibel

Schlagwortregister